现代化的中国选择

李君如 著

CHINA'S CHOICE
OF MODERNIZATION

北京出版集团
北京人民出版社

图书在版编目（CIP）数据

现代化的中国选择 / 李君如著. —北京：北京人民出版社，2024.3（2025.4重印）
ISBN 978-7-5300-0617-7

Ⅰ.①现… Ⅱ.①李… Ⅲ.①现代化建设—研究—中国 Ⅳ.①D616

中国国家版本馆CIP数据核字（2024）第065215号

现代化的中国选择
XIANDAIHUA DE ZHONGGUO XUANZE
李君如 著
*
北京出版集团
北京人民出版社 出版
（北京北三环中路6号）
邮政编码：100120

网 址：www.bph.com.cn
北京出版集团总发行
新华书店经销
北京建宏印刷有限公司印刷
*
787毫米×1092毫米 16开本 18印张 183千字
2024年3月第1版 2025年4月第5次印刷
ISBN 978-7-5300-0617-7
定价：45.00元
如有印装质量问题，由本社负责调换
质量监督电话：010-58572393

一个国家选择什么样的现代化道路，是由其历史传统、社会制度、发展条件、外部环境等诸多因素决定的。国情不同，现代化途径也会不同。实践证明，一个国家走向现代化，既要遵循现代化一般规律，更要符合本国实际，具有本国特色。中国式现代化既有各国现代化的共同特征，更有其基于自己国情的鲜明特色。

——习近平

目录

1 序言：**选择是决策的内在要求**

1 第一章 **历史逻辑：中国式现代化是中华民族伟大复兴的历史性选择**

3 第一节 从"落后挨打"谈起

7 第二节 被动的现代化选择：鸦片战争到辛亥革命时期的三次学西方的现代化尝试

16 第三节 从被动选择向主动选择的转化：20世纪20年代到40年代思想文化界的三场中国现代化问题论战

43 第四节 主动现代化的探索及其曲折历程：新中国成立以来中国现代化的三次高潮和三种选择

75	第二章	**历史逻辑：中国式现代化是强国建设、民族复兴的唯一正确道路**
77	第一节	道路选择正确与否关乎民族复兴前途命运
88	第二节	中国式现代化是强国建设、民族复兴的康庄大道
101	第三节	在中华民族从"站起来"、"富起来"迈向"强起来"的历史进程中选择中国式现代化之路

111	第三章	**理论逻辑：为什么是"中国式现代化"**
113	第一节	从"我是谁，从哪里来，到哪里去"说起
120	第二节	世界现代化遇到的问题和中华文明的优势
128	第三节	马克思主义中国化和现代化中国式的内在逻辑

137	第四章	**理论逻辑：什么是"中国式现代化道路"**
139	第一节	中国式现代化是中国共产党领导的社会主义现代化
146	第二节	中国式现代化道路的"中国特色"
157	第三节	中国式现代化道路的本质要求和应对风险挑战的重大原则
164	第四节	作为人类文明新形态的中国式现代化道路

169	第五章	实践逻辑：怎样实现"中国式现代化"
171	第一节	推进中国式现代化是一个系统工程
178	第二节	在高质量发展中推进中国式现代化
185	第三节	在发展全过程人民民主中推进中国式现代化
199	第四节	在物质富足和精神富有的协调发展中推进中国式现代化
207	第五节	在扎实推动共同富裕中推进中国式现代化
213	第六节	在人与自然和谐共生中推进中国式现代化
222	第七节	在推动构建人类命运共同体进程中推进中国式现代化
227	第八节	在"两个结合"中推进中国式现代化
236	第九节	推进中国式现代化是新时代最大的政治

253	第六章	实践逻辑：中国式现代化为人类实现现代化提供了新的选择
255	第一节	在世界上树起了一面现代化的新旗帜
261	第二节	最重要的是让世界懂得了实现现代化必须适合本国国情
265	第三节	拓展了发展中国家走向现代化的途径

序言

选择是决策的内在要求

无论是一个人，还是一个党、一个国家，在自己的发展道路上，都离不开选择。一个国家选择什么样的现代化道路是由什么决定的，是我们要深入思考和认真研究的重大课题。

一

选择，是一个非常复杂的命题。曾经有一个时期，"自我选择"流行于大学校园青年学子之中。但人们很快就发现，人是生活在社会中的，人的选择离不开社会的需要和社会环境的熏陶，任何一个人的选择都不是一个简单的"自我选择"问题。即使"自我选择"的成功人士，其实也是因为他的选择恰好符合社会的需要。于是，选择就成为"自我"与"他我"之间的相互博弈和相互适应过程。人们也许还没有完全搞清楚"选择"的机理，但人生的选择正确与否确实关乎人的前途和命运。可见，选择有多么重要！

"不要输在起跑线上。"谈到教育对人生的重要性时，人们往往这样说。此话固然有正确的成分，但非绝对真理。在人生道路上，接受过比较好教育的人，对于没有接受过这样教育的人，优势是明显的。但纵观中外历史上的成功人士，并非接受过比较好的教育并在学习上成绩很优秀的人，必定是人生道路上绝对的成功者。在同一"起跑线"上同时出发的人，同时到达终点的例子，很少很少；在"起跑线"上落后的人，后来居上者则是常有的事。有过中长跑运动经历的人都知道，"起跑线"的公平固然十分重要，各个人的"能力"更重要。

除此之外，还有什么呢？就是"选择"。在中长跑运动员中，如何根据自己的实力，分配好各个路段的速度，对于比赛的名次，关系甚大。这样的安排或决策，就是"选择"。有些人因为有正确的选择和决策，能够超越实力比他强的人；有些人虽然实力比较强，但由于缺乏正确的选择和策略而输给他的对手。"选择"的重要性，在竞争或竞赛中尤其显著。这样的竞争或竞赛，是人生的重要特点，而不只存在于体育运动中。因此，研究"选择"是一个关乎人的前途和命运的重要问题。

二

"选择"对于一个人来讲具有重要性，对于一个党、一个国家来讲，更具有极大的重要性。纵观中国共产党百余年奋斗史，我们注意到，每一次历史性的胜利，往往取决于党的正确选择，包括领袖的正确选择、指导思想的正确选择、路线的正确选择、战略战术的正确选择。

对于一个党和国家来说，在历史发展的重要转折关头，尤其是在历史发展的十字路口，选择更显得十分重要。正确的选择决定历史的正确走向，带来的是一种命运；错误的选择决定历史的错误走向，带来的是另一种命运。在中国抗日战争胜利前夜，曾经发生关于"两个中国之命运"的讨论，就是中国命运之选择。抗日战争胜利后国共两党的斗争直到解放战争，也由此被人们称为"两个中国之命运"的决战。对于党和国家来说，方向、道路的选择正确与否，直接关系到党和国家的前途命运。我们说"道路决定命运"，其实讲的就是道路的选择正确与否决定党和国家的前途命运。

中国共产党第二十次全国代表大会，是在全党全国各族人民迈上全面建设社会主义现代化国家新征程、向第二个百年奋斗目标进军的关键时刻召开的一次十分重要的大会。所谓"关键时刻""十分重要"，讲的就是中国共产党到了一个需要作出历史性选择的重要时刻。

2022年2月16日，在中南海怀仁堂，习近平总书记主持召开党的二十大文件起草组第一次全体会议，宣布中央关于成立党的二十大文件起草组的决定。会上，习近平总书记对起草工作进行动员和部署，要求充分认识党的二十大报告起草工作的重大意义，深入研究报告起草涉及的重大理论和实践课题，并高瞻远瞩指出起草报告有五个必须全面把握和深入思考的新的历史特点。

一是党已经走过创造辉煌的一百年，正团结带领人民承前启后、继往开来，在新的历史条件下继续夺取中国特色社会主义伟大胜利，我国发展面临新的战略机遇。

二是党团结带领人民实现了第一个百年奋斗目标，全面建成了小康社会，历史性地解决了绝对贫困问题，踏上了实现第二个百年奋斗目标、全面建设社会主义现代化国家新征程，我国发展面临新的战略任务。

三是中华民族伟大复兴取得历史性成就，既进入了不可逆转的历史进程，也进入了乘势而上、确保中华民族伟大复兴不被迟滞甚至打断的关键时期，我国发展面临新的战略阶段。

四是中国特色社会主义新时代已经走过第一个十年，必须继续开创新时代中国特色社会主义事业新局面，我国发展面临新的战略要求。

五是百年变局和世纪疫情相互交织，世界进入新的动荡变革期，世界和平与发展面临严峻挑战，外部环境更加不稳定、不确定，我国发展面临新的战略环境。

与此同时，习近平总书记强调，研究确定党的二十大报告主题，必须牢牢把握中国特色社会主义新时代这个历史方位和时代坐标，牢牢把握全面建设社会主义现代化国家这个中心任务，牢牢把握实现中华民族伟大复兴中国梦这个奋斗目标，牢牢把握团结奋斗精神。

就是在这次会议上，习近平总书记精辟地指出，党的全国代表大会报告必须有一个统摄全局的主题，向党内外、国内外宣示，党在新征程上举什么旗、走什么路、以什么样的精神状态、朝着什么样的目标继续前进。这里提出的"举什么旗、走什么路、以什么样的精神状态、朝着什么样的目标继续前进"，就是迈上新时代新征程后召开的党的二十大必须作出的历史性选择和历史性决策。

党的二十大作出了正确选择，作出了正确决定。这就是大会的主题所宣示的："高举中国特色社会主义伟大旗帜，全面贯彻新时代中国特色社会主义思想，弘扬伟大建党精神，自信自强、守正创新，踔厉奋发、勇毅前行，为全面建设社会主义现代化国家、全面推进中华民族伟大复兴而团结奋斗。"[①]

三

当我们知道了"选择"是决策的内在要求，知道了"选择"

[①] 习近平：《高举中国特色社会主义伟大旗帜 为全面建设社会主义现代化国家而团结奋斗——在中国共产党第二十次全国代表大会上的报告》，人民出版社2022年版，第1页。

的重要性，就应该进一步深入思考和研究关于"选择"的一些基本问题，学会正确地选择。

首先，要思考和研究的是：为什么在决策时要进行选择。我们知道，在一个复杂的事物及其发展过程中，总会存在多种矛盾或矛盾多个方面的相互作用。这些矛盾之间的相互作用和矛盾各个方面之间的相互作用，必定会形成多种可能性，包括好的可能性和坏的可能性。正因为如此，我们在决策时就要依据事物发展的客观情况，特别是依据矛盾运动中各个方面的力量对比及其此消彼长的发展变化情况，分析其带来的各种可能性，并对各种可能性进行科学比较和选择，努力避免坏的可能性，争取好的可能性。在此基础上，形成把好的可能性转变为现实的思路、措施、途径和路线图，就可以作出正确的决策。

其次，要思考和研究的是：正确的选择和决策要具备哪些基本要素。时空条件，即决策者是在什么样的历史条件和内外环境下进行决策的。全面考虑决策者所处时空条件及其对决策实施可能产生的影响，毫无疑问是进行正确选择必不可少的第一要素。实际问题，即决策者面对的客观实际及其要解决的主要问题，更是进行正确选择必不可少的基本要素。比较分析，即决策者对于所掌握的情况及其走势进行科学的分析，比较客观事物发展的各种可能性，是进行正确选择必不可少的重要要素。权衡利弊，即决策者对于客观事物发展的各种可能性进行价值判断，是进行正确选择必不可少的又一基本要素。正确的选择，就是能够在纷繁复杂的时空条件下,通过对矛盾运动中各个方面的力量对比和此消彼长发展变化情况的分析,努力在事物发展多种可能性的详尽分析及其比较中,选择其最好的可能性,至少要避免坏的可能性。

那么,什么叫"好的可能性",什么叫"坏的可能性"?"好"和"坏"显然是一个价值判断,要看其对谁有利。但是,判断一个事物发展可能性的"有利"还是"不利",又是一个非常复杂的问题,因为,对个人有利的不一定对集体有利,对局部有利的不一定对整体有利,对眼前有利的不一定对长远有利。更为复杂的是,即使都是好的可能性,也有哪一个更好的问题;都是坏的可能性,也有哪一个稍好一点的问题。这种情况就是古人所说的:"两害相权取其轻,两利相权取其重。"因此,价值判断要以与事实判断相联系的科学判断为基础。

在做价值判断之前,首先要充分掌握基本事实,充分掌握事物发展过程中的全部矛盾和矛盾各方的基本情况及其发展变化走势,并把局部和全局联系起来,进行全面的分析。如同毛泽东在《中国革命战争的战略问题》中指出的:"指挥员的正确的部署来源于正确的决心,正确的决心来源于正确的判断,正确的判断来源于周到的和必要的的侦察,和对于各种侦察材料的联贯起来的思索。"[1]

再次,要思考和研究的是:选择正确与否的评判者究竟是谁。

---

[1] 《毛泽东选集》第一卷,人民出版社1991年版,第179页。

所谓"正确的选择",不仅是指选择过程要讲究科学性和规范性,要坚持集思广益,而且是指选择结果要有实际的效果。事实上,要作出正确的选择是十分不容易的,必须以实践为唯一标准对于决策者所作出的选择进行检验和评判。实践证明是有效的,必须毫不动摇地坚持;实践证明有效但又有一些问题的,必须及时进行调整;实践证明没有效果的或没有达到预期效果的,必须下决心进行重新选择。如同毛泽东指出的:"我们不能要求事实上的常胜将军,这是从古以来就很少的。我们要求在战争过程中一般地打胜仗的勇敢而明智的将军——智勇双全的将军。"[①]毛泽东讲的虽然是战争中的战略战术选择和决策问题,但由于战争在各类社会实践中是情况最复杂、变化最大的,也是最能够体现决策者选择和决策能力的,更应该引起我们的高度重视。

四

最后,我们要讨论的是:实现现代化有没有选择的问题?我们的回答十分肯定:有。现代化之所以叫现代化,就在于各个国家的现代化具有共同的特征;但各个国家又由于国情的不同,尤其是历史文化的不同,其现代化必定会有不同的特点。承认这一点,就意味着现代化必定也有一个选择的问题。

[①] 《毛泽东选集》第一卷,人民出版社1991年版,第178页。

在一些人看来,"现代化"的大门是西方国家打开的,实现现代化的路径是西方国家开辟的,后发现代化国家只能追随西方国家的路径进入现代化大门、走向现代化。在那些人心目中,"现代化"就是"西方化"。如果人们要选择,就只能选择"西方化"的现代化路径,摒弃本国自己的实现路径。显然,这是近代以来世界范围内盛行的"西方中心主义"思潮的影响所致。

我们知道,由于历史、文化、宗教、地理等错综复杂的原因,世界各个地区形成了大大小小各个文明或文明圈。比如英国历史学家汤因比曾经认为,世界上有20个文明,后来又说过有23个文明。德国历史学家斯宾格勒分析过世界的8个主要文化圈。美国学者亨廷顿在《文明的冲突与世界秩序的重建》中认为,当代世界的主要文明有中华文明、日本文明、印度文明、伊斯兰文明、西方文明、拉丁美洲文明等。于是,问题就来了。既然在世界上有那么多的文明或文明圈,它们在现代化进程中是否会被"化"掉,化为一个文明?如果现代化的结果是这样的,会化为什么文明呢?那些秉持"现代化=西方化"的人,是不是希望世界最后都在现代化进程中"西方化"呢,是不是希望世界各大文明最终都将在现代化进程中变为"西方文明"呢?亨廷顿说,这里的"西方"一词,指的是以前被称为西方基督教世界的那一部分。换言之,按照"现代化=西方化"的逻辑,在现代化进程中,中华文明、日本文明、印度文明、伊斯兰文明、拉丁美洲文明等最终都将在现代化进程中变为西方基督教世界的一部分。这样一幅现代化的前景，有可能出现吗？当然，还有另一种可能，世界各个文明或文明圈的特点都在现代化进程中消失，融合为一个全新的文明。这给人类带来的是一幅全新的希望之蓝图，但不是当今世界盛行的"西方中心主义"思潮和秉持"现代化＝西方化"的人所期望的。其实，从世界现代化的历史来看，拥有不同文明的国家不仅都能够走向现代化，而且都能够在现代化进程中既保留自己的文明特点，又在文明互鉴中形成"你中有我、我中有你"的新文明形态，而不是单一的"西方化"。也就是说，"现代化＝西方化"是一个伪命题。这个公式是不成立的。因此，我们认为，拥有各种不同文明的国家，可以选择符合既实现现代化、又保留自身文明特点的现代化路径。

　　需要思考的是，"现代化"的大门是西方国家打开的，进入这个大门的人难道就没有自己的选择权了？如前所述，在中长跑运动中，有些人因为有正确的选择和决策，能够超越实力比他强的人；有些人虽然实力比较强，但由于缺乏正确的选择和策略而输于他的对手。也就是说，在同一赛场中，每一个运动员都可以拥有自己的选择权。在世界各国的现代化进程中，各个国家无疑也应该拥有自己的选择权。这种选择权，既是一个国家主权的体现，也是尊重和保障这个国家普遍人权的要求。任何阻碍别的国家选择自己现代化道路的人和行为，阻碍的、侵犯的就是别的国家的主权和别的国家人民的人权。因此，我们认为，任何一个国家在实现现代化的进程中都应该拥有自己的选择权，任何一个国家在实现现代化的进程中都可以选择最符合本国国情特别是本国历史文化特点的现代化。

上面，我们已经对选择的基本问题和各个国家的人民在现代化进程中有没有选择权等问题，进行了较多的讨论和分析，那么，有没有结论呢？如果有，结论又是什么呢？最权威的结论，就是习近平总书记2023年2月7日在新进中央委员会的委员、候补委员和省部级主要领导干部学习贯彻习近平新时代中国特色社会主义思想和党的二十大精神研讨班上指出的："一个国家选择什么样的现代化道路，是由其历史传统、社会制度、发展条件、外部环境等诸多因素决定的。国情不同，现代化途径也会不同。实践证明，一个国家走向现代化，既要遵循现代化一般规律，更要符合本国实际，具有本国特色。"[①]中国和任何一个国家一样，在实现现代化进程中，对于通过什么样的道路来实现现代化，也有选择问题。中国选择的现代化之路，就是众所周知的"中国式现代化道路"。完全可以这样说，坚持走中国式现代化道路，是中国共产党和中国人民在中国特色社会主义进入新时代以来作出的最重大的选择。

显然，作出这个选择，意义非常重大。正如习近平总书记强调指出的："概括提出并深入阐述中国式现代化理论，是党的二十大的一个重大理论创新，是科学社会主义的最新重大成果。中国

[①] 习近平：《中国式现代化是强国建设、民族复兴的康庄大道》，《求是》2023年第16期，第4页。

式现代化是我们党领导全国各族人民在长期探索和实践中历经千辛万苦、付出巨大代价取得的重大成果，我们必须倍加珍惜、始终坚持、不断拓展和深化。"①

党的二十大后，我写过一本书，题为《新时代的中国选择》。当时，写这个题目、这本书，目的是想说明党的二十大的决策是一个历史性的政治选择。写了这本书后，意犹未尽，总感到"选择"问题还需要进一步研究和阐述。借此机会，写了这么一篇序言，强调选择是决策的内在要求。或者说，决策就是选择。

当然，我们不是为讲选择而强调选择，目的还是要和大家在历史逻辑、理论逻辑与实践逻辑的统一上，讨论"现代化的中国选择"这一重大问题，搞清楚中国人是怎么选择中国式现代化道路的、为什么说中国式现代化是唯一正确的道路、中国的现代化为什么是"中国式现代化"、什么是中国式现代化道路以及怎样实现中国式现代化等基本问题，以增强国人对坚持中国式现代化道路的历史自觉、理论自觉和政治自觉、实践自觉。

李君如

2023年9月9日，于北京昆玉河畔得心斋

---

① 《习近平在学习贯彻党的二十大精神研讨班开班式上发表重要讲话强调正确理解和大力推进中国式现代化》，《人民日报》2023年2月8日。

第一章

历史逻辑：中国式现代化是中华民族伟大复兴的历史性选择

当我们明白了任何一个国家都有权选择最符合本国国情特别是本国历史文化特点的现代化这一道理，就可以认识到拥有中华文明强大底蕴的社会主义中国在推进现代化进程中也可以选择自己的现代化之路。

现代化的中国选择是什么？党的二十大明确指出："从现在起，中国共产党的中心任务就是团结带领全国各族人民全面建成社会主义现代化强国、实现第二个百年奋斗目标，以中国式现代化全面推进中华民族伟大复兴。"①党的二十大提出的这个"中心任务"，就是中国共产党经过长期实践探索和深入比较研究作出的历史性选择。简单地说，现代化的中国选择，就是中国式现代化。

---

① 习近平：《高举中国特色社会主义伟大旗帜为全面建设社会主义现代化国家而团结奋斗——在中国共产党第二十次全国代表大会上的报告》，人民出版社 2022 年版，第 21 页。

第一节　从"落后挨打"谈起

令外人难以想象的是,中国选择"以中国式现代化全面推进中华民族伟大复兴",不是一个轻松的过程、轻松的选择,而是前前后后经历了180多年摸索、挫折、争论、实践、总结,才作出的选择,堪称为历史性选择。

这里,先要注意"以中国式现代化全面推进中华民族伟大复兴"这一任务中,有两个关键词,一个是"中国式现代化",另一个是"中华民族伟大复兴"。这两个关键词,指称的就是我们面临的两大历史任务。以习近平同志为核心的党中央之所以把"中国式现代化"和"中华民族伟大复兴"如此紧密地联系在一起,是因为"实现现代化"和"实现中华民族伟大复兴"在中国从来就是一体两面的事情。也就是说,这件事情从这面来看是"民族复兴",从另一面来看就是"现代化"。这是近代以来中国悲壮的历史决定的。

中国近代史的起点是1840年鸦片战争。自清政府在鸦片战争战败和英国签订1842年《南京条约》开始，接着又和英国以及其他西方列强签署了一个又一个丧权辱国、割地赔款的不平等条约。民族复兴的历史任务也由此提到国人面前。

于是，问题来了。为什么曾经创造了"康乾盛世"历史辉煌的清政府会在那时一败再败，为什么横扫九州的大清朝金戈铁马会在那时败在西方列强远征军手里呢？

穷根究底，祸根早在"康乾盛世"那时就已经种下。从纵向看，"康乾盛世"这一历史时期可以说是中国几千年封建社会最辉煌的历史时期之一。从横向看，这一历史时期恰是欧美国家从中世纪的封建社会向资本主义社会转变、从农耕文明向工业文明转变的历史大变动时期，而处于"盛世"的清政府却对此麻木不仁、不以为然，甚至夜郎自大、故步自封。但人类文明的历史潮流并没有因天朝大国的妄自尊大而止步不前。翻开世界史，1640年，英国发生资产阶级革命；1775年，美国爆发独立战争；1789年，法国大革命进一步震撼世界。与此同时，英国在18世纪60年代率先开始的工业革命浪潮很快席卷欧美大国，推动社会生产力发生了急剧的历史性变动。世界史就此打开了工业革命启动的现代化篇章，农耕文明由此被工业文明取代。如同马克思、恩格斯在《共产党宣言》中所描绘的："资产阶级在它不到一百年的阶级统治中所创造的生产力，比过去一切世代创造的全部生产力还要多，还要大。"①就是在这样的历史性变动中，"天朝大国"因为错过工业革命和现代化的机会而落伍了。

马克思当时就已经深刻指出："一个人口几乎占人类三分之一的大帝国，不顾时势，安于现状，人为地隔绝于世并因此竭力以天朝尽善尽美的幻想自欺。这样一个帝国注定最后要在一场殊死的决斗中被打垮：在这场决斗中，陈腐世界的代表是基于道义，而最现代的社会的代表却是为了获得贱买贵卖的特权——这真是任何诗人想也不敢想的一种奇异的对联式悲歌。"②由此可见，中华民族之所以在近代以来沦入任人宰割、饱受欺凌的半殖民地半封建国家这样悲惨的境地，既有外因，也有内因。外因是列强入侵、瓜分中国；内因是封建统治者腐败、夜郎自大，错过了工业化和现代化的机会，已经大大落后于这个大变动大转折的时代了。后人从中总结的教训，就是："落后就要挨打"。

因为"挨打"就要"民族复兴"；因为"落后"就要实现现代化。中华民族伟大复兴和中国现代化这两件事，就这样为摆脱"落后挨打"的命运紧密地联结在一起，实现现代化也由此成为实现中华民族伟大复兴的根本任务。

也正因为"落后挨打"的命运，把"中华民族伟大复兴"和"中国现代化"这两件事紧密地联结在一起，所以在中国现代化的探索之路上遇到了四个难以避免的问题：一是"被动"与

---

① 《马克思恩格斯选集》第1卷，人民出版社2012年版，第405页。
② 《马克思恩格斯选集》第1卷，人民出版社2012年版，第804页。

"主动",只能循着从"被动"到"主动"的轨迹探索中国现代化;二是"器物"、"制度"与"文化",只能循着从"器物现代化"到"制度现代化",再到"文化现代化"的轨迹探索中国现代化;三是"中学"与"西学"、"中国"与"世界",只能循着在"中学"与"西学"之间徘徊和争论到"立足中国、学习世界"的轨迹探索中国现代化;四是"道"与"路",只能循着先走"路"再求"道"的轨迹探索中国现代化,寻找和选择"合道之路"。令人高兴的是,中国人180多年的努力没有白费,最终找到了"中国式现代化"这一强国建设、民族复兴的康庄大道。

第二节　被动的现代化选择：
鸦片战争到辛亥革命时期的三次学西方的
现代化尝试

　　鸦片战争爆发后，最早提出"睁眼看世界"的林则徐、魏源等革新派，就已经意识到清政府战败的原因在于中国已经落后于急剧变动的世界。这就是我们所说的"落后挨打"。为改变"落后挨打"的命运，他们提出了"师夷长技以制夷"的主张和思想。这一大胆的主张和思想，不仅对于后来兴起的洋务运动产生了重要的影响，更重要的是，打开了中国人的视野，推动先进的中国人开始关注外部世界的变化，并从中思考中国的命运。

　　特别是经历了第二次鸦片战争的失败，中国人再也不能安于现状，客观上迫使中国去改变自己，走向现代化。但在当时的历史条件下，国人还不可能提出"现代化"这一概念，也不懂得什么是现代化、怎么实现现代化，当时能够提出和追求的，只能是"自强"。面对急剧变动的世界，为改变日趋衰弱并被外国列强欺凌的中国现状，中国人不断摸索，不断选择，不断改弦更张，不断寻求自强求富之路。从鸦片战争到辛亥革命这70多年间，中国人为此作过三次历史性的选择：第一次是器物层面的洋务运动；第二次是体制层面的戊戌变法；第三次是根本制度层面的辛亥革命。放到中华民族探索现代化的大历史背景下去考察，这三次选择就是中国为实现现代化所作出的三次历史性的选择。显然，这是中华民族被动地卷入世界现代化潮流的三次选择，因此都带有"学西方"的共同特点。

器物层面的现代化，是洋务运动的兴起。

太平天国运动失败后兴起的"自强运动"，就是今天被我们称为"洋务运动"的现代化尝试。在1840年鸦片战争后，中国几乎同时经历了1851年至1864年席卷半个中国的太平天国运动和1856年至1860年英法联军在美俄支持下发动的第二次鸦片战争。这两大历史事件，使得近代中国社会的主要矛盾——封建主义与人民大众的矛盾、帝国主义与中华民族的矛盾，越来越清晰地暴露出来。在这个历史进程中，镇压太平天国运动后，清末三大汉臣曾国藩、李鸿章、左宗棠在清朝统治集团中脱颖而出，迅速崛起；第二次鸦片战争后签订的一系列不平等条约，特别是英法联军攻入北京、火烧圆明园，使得清朝统治集团更感到岌岌可危。朝野上下深感世界已经发生"数千年未有之变局"。在奕䜣和曾国藩、李鸿章、左宗棠、张之洞等洋务派推动下，以"自强"为名的洋务运动兴起了。所谓洋务运动，一是以创办江南制造局、创建北洋水师等为标志，引进西方先进生产技术，发展军用工业，组建新式海陆军；二是以创办民营企业轮船招商局等为标志，兴办实业，发展纺织、采矿、轮船、铁路、电报、邮政等新式工业；三是以设立京师同文馆等新式学校以及选派留学生出国深造等为标志，创办新式教育。

一石激起千层浪。办洋务引起了朝野的思想震荡，顽固派和洋务派发生了激烈的争论。顽固派挑起"夷夏之辨"的争论，指责洋务派"师夷"是"以夷变夏"；又迂腐地说"制夷"只需"以忠信为甲胄，以礼仪为干橹"，对洋人进行说教就可以对付。面对这一波又一波的夷夏之辨的争论，冯桂芬、王韬、薛福成、沈寿康等早期洋务派思想家提出了"中学为体、西学为用"的思想，强调办洋务并没有违背祖训，"西学"可以为"中学"所用。洋务运动兴起后，既办民族工业，又办新式学堂的洋务派代表张之洞，更是力主"中体西用"。他们以此为据，来说明拥有几千年中华文明传统的中国为什么要引进和学习西方的先进技术，强调学习西方技术不能也不会改变中国之本体，而是"师夷制夷"。

洋务运动试图通过引进和学习西方先进技术来挽救摇摇欲坠的清王朝，它客观上刺激了中国资本主义经济的发展，一定程度上也抵制了外国资本主义的经济输入，但由于它只是追求器物层面的现代化而不触及封建主义的经济基础和上层建筑，不仅导致工业生产力与封建生产关系以及建立在此基础上的君主集权上层建筑之间的矛盾加剧，而且也没有改变外国列强咄咄逼人瓜分中国的态势。1894年爆发的甲午战争，洋务派引以为豪的北洋水师战败，清政府在1895年被迫同日本签订了丧权辱国的《马关条约》。这一重大历史事件的发生，意味着试图通过器物层面的现代化自强求富而不改变封建制度的洋务运动走到了尽头。

体制层面的现代化，是戊戌变法，即百日维新。

按照《马关条约》规定，清政府不仅被迫向日本赔款、开放通商口岸等，还向日本割让辽东半岛、台湾和澎湖列岛。这一丧权辱国条约的签订，意味着中国加速了半殖民地半封建化的历史进程。许多有识之士开始比过去更深刻地思考中国的未来。他们意识到，器物层面的现代化确实能给中国带来新变化新气象，但光靠器物层面的现代化，中国还是不能自强。那么，究竟靠什么才能真正自强呢？许多有识之士虽然已经意识到制度的不适应性，但在当时的历史条件下，他们中一些人能够公开提出的，还只是"托古改制"，借助孔学，依靠皇帝，通过一些具体制度即体制的改良，而不是通过根本制度的变革来自强自救。他们的主张就是：变法，维新。维新变法运动由此兴起。这是一次不同于洋务运动仅追求器物层面现代化，而是以体制层面现代化为目标的现代化尝试。

1895年，当李鸿章代表清政府签订《马关条约》的消息在国内传开后，康有为、梁启超等1300多名举人联名上书光绪皇帝，反对清政府同日本签订这样的条约，请求变法维新，但这一上书被顽固派官员拒收而没有送到光绪皇帝手上。这就是历史上有名的"公车上书"，是维新派登上历史舞台的标志。"公车上书"失败后，康有为、梁启超等维新人士通过办学会、办报刊、发表文章等方式在社会上广泛宣传变法维新主张，产生了很大的社会影响。

与此同时，由于清政府同外国列强一次又一次交手，一次又一次签订丧权辱国的不平等条约，使得光绪皇帝也意识到，再不变法改变现状，大清朝终究会陷入亡国灭种的深渊。由此，他决定依靠维新派人士康有为，为清政府谋划变法方案。在征求慈禧太后意见后，光绪皇帝在1898年6月11日颁布《定国是诏》，决定实行变法。由于那一年以干支纪年是戊戌年，历史上称这次变法为"戊戌变法"；由于是康有为、梁启超等维新派推动的变法，又被称为"维新变法"。

变法的内容很广，包括政治上精简机构、开放言路、任用维新人士等；经济上以工商立国、鼓励私人兴办企业等；文化上创办新式学堂、废八股、翻译出版西方著作等；军事上办新军、采用西方军事训练方式等。据统计，在变法维新103天里，光绪皇帝审定发出的变法诏令超过110道。但在当时，朝野的守旧派势力非常强大，反对变法的声音也非常强大。光绪皇帝的这些变法诏令送达各个衙门、各个地方后，除了个别地方比较重视，绝大部分官员都是采取观望而不实行的态度；高层官员中的守旧派更是上蹿下跳、密谋串联、竭力抵制。按照康有为的新政设想，变法追求的是制定宪法、召开国会、君民合治、改年号等，但这些君主立宪的政治设想由于触动了守旧派的根本利益，最终都胎死腹中。1898年9月21日凌晨，在守旧派的密谋策划下，反对维新变法的慈禧太后突然从颐和园赶回紫禁城，囚禁了光绪皇帝，发布了训政诏书，接着就到处抓捕维新人士，"维新六君子"①惨遭杀害。戊戌变法就此失败，前后仅100多天，所以史称"百日维新"。

根本制度层面的现代化，是孙中山领导的辛亥革命。

"百日维新"失败，意味着"改良"解决不了中国问题，实现不了中国的现代化，于是，"革命"成了新的选择，以孙中山为主要代表的资产阶级革命派登上历史舞台。党的十五大报告指出："鸦片战争后，中国成为半殖民地半封建国家。中华民族面对着两大历史任务：一个是求得民族独立和人民解放；一个是实现国家繁荣富强和人民共同富裕。前一任务是为后一任务扫清障碍，创造必要的前提。"与此同时，党的十五大报告充分肯定了孙中山领导的辛亥革命在完成这两大历史任务过程中的历史性贡献，深刻指出："辛亥革命，推翻统治中国几千年的君主专制制度。这是孙中山领导的。他首先喊出'振兴中华'的口号，开创了完全意义上的近代民族民主革命。辛亥革命未能改变旧中国的社会性质和人民

---

① "维新六君子"指的是谭嗣同、康广仁、林旭、杨深秀、杨锐、刘光第六位维新派名人。

的悲惨境遇,但为中国的进步打开了闸门,使反动统治秩序再也无法稳定下来。"[1]正由于辛亥革命的历史性意义在于"推翻统治中国几千年的君主专制制度",因此,我们完全可以说,这是从根本制度层面探索现代化的一次伟大实践。

孙中山作为中国民主革命的先行者,曾经也希望通过体制改良来推进现代化,改变中国的落后面貌。在他逐渐认清清政府腐败的本质后,逐渐由改良转向革命。1894年11月,他在檀香山成立寓意"振兴中华"的兴中会,第二年又提出"驱除鞑虏,恢复中华,创立合众政府",确立了在中国建立共和制国家的资产阶级民主主义革命纲领。这在中国历史上,是破天荒的第一次。

有意思的是,在器物层面现代化的洋务运动失败前后,为使中国实现真正的自强,几乎同时出现了"改良"和"革命"两种主张。主张"改良"的是以康有为、梁启超为代表的维新派,主张"革命"的是以孙中山为代表的革命派。维新派试图不触动根本制度就实现变法自强,结果在以慈禧太后为代表的守旧派的屠刀下,很快就失败了;革命派也历经了一次又一次奋斗、一次又一次挫折,但以孙中山为代表的革命派没有动摇和退缩,不停顿地继续奋斗着。特别是在1900年八国联军侵略中国,攻入首都北京,烧杀奸抢,无恶不作,在1901年清政府又卑躬屈膝和11国列强签订丧权辱国的《辛丑条约》后,帝国主义和中华民族之间的

---

[1] 中共中央文献研究室编:《十五大以来重要文献选编》(上),人民出版社2000年版,第2—3页。

民族矛盾进一步加剧。面对这一民族耻辱，1905年7月，以孙中山为代表的革命派决定在日本东京建立中国同盟会，作为全国革命的领导核心。8月20日，中国同盟会正式成立，并确定了"驱除鞑虏，恢复中华，创立民国，平均地权"的纲领。11月，革命派又创办《民报》作为同盟会机关报，孙中山在发刊词中首次提出了"民族""民权""民生"三大主义，即"三民主义"。《民报》创办后，同戊戌变法失败后流亡在海外的康有为、梁启超等组成的保皇党及其创办的《新民丛报》展开了激烈的论战。这场论战，以革命派在思想理论上获胜而结束，意味着中国越来越多的人主张通过革命建立共和国来实现民族复兴和国家自强。

经过坚持不懈的奋斗，革命派在1911年武昌起义中终于获得成功。由于这一年是辛亥年，武昌起义后来被史家称为"辛亥革命"。辛亥革命不仅结束了清王朝的统治，而且结束了中国几千年来形成的君主专制制度，建立了以孙中山为临时大总统的中华民国。

辛亥革命在中国现代化探索的历史上，既有重大意义，也有历史局限性。重大意义，就是通过革命用"共和制"取代了"君主专制制"，推进了中国根本制度层面的现代化，为中国的进步打开了闸门，在一定程度上扫除了现代化工业生产力发展的一些障碍。历史局限性也是明显的，这就是由于民族资产阶级的软弱性，很快就把辛亥革命的主要成果——国家权力拱手让给了以袁世凯为代表的北洋军阀。这样的历史倒退不仅意味着辛亥革命的失败，还导致中国经历了近20年的军阀统治和军阀混战，阻滞了中国现代化的正常推进。

综上所述，从鸦片战争到辛亥革命这70多年间，中国人尽管还没有形成"现代化"的自觉，甚至还没有提出"现代化"这一概念，但是器物层面的洋务运动、体制层面的戊戌变法、根本制度层面的辛亥革命这三次变革，实际上就是被动走上中国现代化之路的三次选择，其共同特点，就是三个字："学西方"。正由于这三次变革、三次选择是在"学西方"的历史进程中发生的，思想交锋不可避免。在这些变革和选择中发生的夷夏之辨，以及守旧与维新、改良与革命等一次又一次思想交锋、政治交战，实际上都是"学西方"与"防西方"两种思潮的博弈和斗争。这三次变革、三次选择还告诉我们，在这些变革和选择中，尽管"学西方"在当时是进步潮流，但依然不能解决中国问题，这是中国爆发新文化运动之前中国人最大的思想困惑。

第三节 从被动选择向主动选择的转化：20世纪20年代到40年代思想文化界的三场中国现代化问题论战

在器物层面的洋务运动、体制层面的戊戌变法、根本制度层面的辛亥革命这三次变革、三次选择，一次又一次遭受失败的命运后，中国的出路究竟何在？中国现代化究竟应该走什么道路？彷徨和困惑一次又一次涌上中国人的心头。

从清朝晚期到民国时期，特别是从20世纪20年代到40年代，中国思想文化界不仅提出了"现代化"这一概念，而且围绕着要不要现代化、怎么实现现代化，发生了一系列争论。这些争论，说到底，就是中国现代化之路的选择之争。

在这里，我们先要了解一个基础性的问题："现代化"这个概念，在中国是什么时候出现的？著名学者罗荣渠在他主编的《从

"西化"到现代化》一书中，对此有过专门介绍。他说："现代化"一词，在"五四"以后关于东西文化观的争论中，已偶尔出现。例如，在严既澄的文章中就出现过"近代化的孔家思想"的提法，在柳克述著《新土耳其》（1927年）一书中，"现代化"与"西方化"并提。1927年，胡适在一篇文章中写道："新文化运动的根本意义是承认中国旧文化不适宜于现代的环境，而提倡充分接受世界的新文明。"在这里，新文化运动就是现代化运动的思想已呼之欲出了。同年，他为英文《基督教年鉴》写的《文化的冲突》一文，正式使用了"一心一意的现代化"（Whole-hearted modernization）的提法。但"现代化"一词作为一个新的社会科学词汇在报刊上使用，是在20世纪30年代。1933年7月《申报月刊》为创刊周年纪念，发行特大号，刊出"中国现代化问题号"特辑，可以说是"现代化"这个新概念被推广运用的正式开端。[1]尤其是当时随着对西方国家现代化了解日益全面和深入，一些学者在用"科学化"或"现代化"概念取代之前使用的"欧化""西化"概念时，就已经指出"现代化"包括"欧化"但不等于"欧化"。

我们之所以要提出这个基础性问题，不仅是要了解"现代化"这个概念是什么时候在中国出现的，更重要的是，要了解中国人对"现代化"的认知是怎么从"自在"到"自觉"的。在中

---

[1] 罗荣渠主编：《从"西化"到现代化——五四以来有关中国的文化趋向和发展道路论争文选》，北京大学出版社1990年版，第13—14页。

国思想文化界的著述中出现和提出"现代化"这一概念，不等于中国人已经进入"现代化"的"自觉"阶段。但把"现代化"这一概念明明确确提到国人面前，用这一新概念来取代原来的"欧化""西化"概念，并且还要讨论中国怎么实现现代化，意味着中国人对于"现代化"的认知在从"自在"到"自觉"的漫长道路上，迈出了重要的一步。

从清朝晚期到民国时期，特别是从20世纪20年代到40年代，中国思想文化界在对"现代化"的认知过程中，发生过三场影响很大的论战。

第一场论战，关乎方向，争论的是"中体西用"还是"中西调和"、"中西互补"，"全盘西化"、"中国本位文化"还是"马克思主义中国化"。

现代化的方向之争，在中国常常以文化取向之争表现出来。这是因为中国是在外国列强的枪炮威逼下打开国门，被动接受现代化的，这对于拥有几千年悠久历史文化的国人来讲，文化心理上的冲击特别大；这还因为中国的官员是通过科举制度上位的，接受过中国传统文化的系统熏陶，从政的官员和社会上的知识分子都有深厚的国学底蕴，但又都是最早接受外来现代化潮流冲击的群体，因而也是思想文化上最早发生分化的群体。早在鸦片战争战败后，清政府朝野就有一种议论，认为西方有物质文明，我们有精神文明，战败不足惧。但从清朝晚期到民国时期，一些有识之士很快就认识到，西方的物质文明背后也有他们的精神文明，区别在"中学"与"西学",问题在如何认识"中学"和"西学"及其相互关系。现代化的方向之争,也就以中西学的文化取向之争表现了出来。洋务派以"中体西用"论回击了顽固派,推进了洋务运动的发展。但是,随着学习西方先进技术的洋务运动的失败,以及后来学习西方体制的维新变法运动也失败了,学习西方的共和制来取代统治中国几千年的君主专制制度的辛亥革命又失败了,一次又一次失败让人们越来越认识到,"中体西用"的主张解决不了中国问题。

于是,关于中国现代化应该取什么方向的论战,在20世纪初再次发生了,甚至在新文化运动中成为中国思想文化界论战的主题,五四运动后越争越激烈、越争越深入,一波又一波,一直争论到20世纪三四十年代。

先是在维新变法运动失败后,以孙中山为代表的资产阶级革命派认识到推进革命必须突破"中体西用"或"以西补中"框框,在政治上实行西方的共和制,在思想文化上进行根本的改造,并提出了"三民主义";维新派思想家梁启超也从保国保种思想转向根本改造国民素质的"新民"理论。梁启超1902年发表的《新民说》提出,国民要形成的新德性包括自由、自治、进步、自尊、合群、尚武等观念,在社会上特别是在青年中影响很大。这意味着"中体西用"观念开始向"中西调和""西化"方向演进。

在辛亥革命失败后,中国人在从"中体西用"观念向"中西调和""西化"方向演进过程中,对西方的认识和学习,也由早先器物层面的西方文明，经由制度层面的西方文明，上升到文化层面的西方文明，认为中国自鸦片战争以来经历的各种失败皆因没有学到西方文化而难以巩固器物层面和制度层面的西方文明。正是在这样的历史背景下，轰轰烈烈的新文化运动在中国这个历史悠久的文明古国开展起来了。在陈独秀领导的新文化运动中，来自西方的"德先生"和"赛先生"崭露头角，由此也同时引发了东西方文化的大论战。陈独秀创办的《新青年》和杜亚泉主编的《东方杂志》是论战的主战场。1915年，《青年杂志》（即《新青年》）以《敬告青年》《法兰西人与近世文明》《东西民族根本思想之差异》等文章通过比较东西文化，来抨击中国传统文化。《东方杂志》则在为中国传统文化辩护时，提出中西文化调和的主张。它们中有的人认为，中国固有文明中好的部分应当发扬，西方的物质文明亦可以吸收，中西文化可以调和。当时的文化名人诸如陈独秀、李大钊、胡适、辜鸿铭、章士钊、梁漱溟等重要学者无不参与其中。在这场论战中，主张维护中国传统文化的是辜鸿铭等；公开提出"打倒孔家店"的是吴虞；大声呐喊拥护"德""赛"两先生的是陈独秀等；鼓吹要全面肯定西洋文明的是胡适；强调中西文化调和的是章士钊等。对于这场轰轰烈烈的中西文化论战，有人认为主要是反传统。显然，这是过于简单化了，我们不能用"反传统"三个字来定性新文化运动。新文化运动确实是在反思和批判中国传统文化中发生的，这不是偶然的，而是历史的必然。但是，"反传统"三个字囊括不了新文化运动中呈现在历史面前生动活泼而又丰富多彩的文化现象,更不是这场思想解放运动的本质。在新文化运动中,无论反思和批判中国传统文化,还是介绍和引进西方各种学术思想,确实存在否定一切或肯定一切的形式主义问题。与此同时,我们也看到,活跃在论战舞台上的各家各派,有的倡导的是西方文明中的"德先生"和"赛先生"但不全面否定中华文明,有的主张"中西调和"也不全面否定西方文明,也有的是要全面肯定西方文明但观点也在不断变化。各种情况不能一概而论,不能一概认定是"反传统"。最重要的还不是谁提出了哪些观点,而是在这场中西文化论战中形成了自春秋战国以来又一次百家争鸣的局面,这才是难能可贵的。连当时没有参加论战的孙中山,都认为这是"思想界空前之大变动"[①]。

我们注意到,进入20世纪20年代,中西文化争论的焦点已经从新文化运动初期对这两种文化的异同优劣的比较,转向这两种文化能否互补的问题上来。当年影响很大的,是"二梁"即梁启超和梁漱溟提出的"中西互补"论和"中国化复兴"论。梁启超1920年3月3日游欧归来发表的《欧游心影录》提出,可以拿西洋的文明来扩充我们的文明,又拿我们的文明去补西洋的文明,使它化合成一种新文明。这种观点,即"中西互补"论。梁漱溟在1921年发表的《东西文化及其哲学》认为,西方化不可取,也

[①] 孙中山:《致海外国民党同志书》,载《孙中山选集》,人民出版社1981年版,第482页。

反对东西方文化调和，认为西洋文明、中国文明、印度文明这三大文明将循序演化，而最近的未来将有"中国化复兴"，将来继之以"印度化复兴"。梁漱溟的《东西文化及其哲学》这本书影响很大，引起的争论也十分激烈。张君劢评论说：中国旧文化腐败已极，应有外来的血清剂来注射他一番，如不输入则中国文化必无活力。张东荪评论说：西洋文化实在已不仅是西洋的了，已大部取得世界文化的地位，我们采用西洋文化便不是直抄他族的东西乃是吸收人类共同的东西。严既澄评论说：在我看来，东西文化不但有调和的可能，并且是非调和不可。胡适评论说：梁先生关于西洋文明、中国文明、印度文明的三个公式是经不起他自己的反省的。在这场争论中，学者们对中国传统文化和西方文化都有了过去所没有的认识，但无论是梁启超的"中西互补"论，还是梁漱溟的"中国化复兴"论，都缺乏科学依据，也解决不了中国问题。

正在中西文化论战如火如荼进行之时，世界和中国发生的两件大事震撼了中国，极大地影响了这场文化大论战。第一件大事，是1917年俄国爆发了被李大钊称为"庶民的胜利"的"十月革命"。正如毛泽东后来描述的："十月革命一声炮响，给我们送来了马克思列宁主义。"[①]李大钊是第一个接受并在中国传播马克思主义的"播火者"。陈独秀、毛泽东等新文化运动干将，在五四运

---

① 《毛泽东选集》第四卷，人民出版社1991年版，第1471页。

动后也先后接受了马克思主义。第二件大事，是第一次世界大战暴露了帝国主义的邪恶本质，加上中国外交在巴黎和会失败，面对公理不敌强权的现实，中国知识分子对西方产生了强烈的失望之情，"外争国权、内惩国贼"的怒潮一下子席卷大江南北，在1919年爆发了群众性的五四爱国运动。这两件大事，推动国人开始对西方文明进行新的反思，马克思主义也由此在五四运动前后成为先进的中国人新的选择。特别是在五四运动高潮中，中国工人阶级以独立的政治力量登上了历史舞台。刚刚接受了马克思主义的先进知识分子，走出知识分子的小圈子，走进工厂路矿大社会。最典型的是陈独秀，他从北京南下到中国工人阶级集中的上海，调查工人劳动和生活状况。在马克思列宁主义和中国工人运动相结合的过程中，中国共产党在上海诞生了。

年轻的中国共产党人开始以全新的视野、全新的思路寻找能够从根本上解决中国问题，实现中国社会变革和现代化的新路。中国共产党的早期党员瞿秋白、杨明斋以全新的姿态，参与了对梁启超《欧游心影录》和梁漱溟《东西文化及其哲学》的论战。瞿秋白在1924年1月发表的《现代文明的问题与社会主义》，杨明斋在1924年6月发表的《评中西文化观》，用历史唯物主义阐述了文明是人类劳动的创造，同时又由于封建制度或宗法制度的文明与资产阶级的文明有着内容的不同，中国在救亡图存中发生的东西方文明之困惑只有靠无产阶级的社会主义运动才能解决。瞿秋白说：社会主义文明"不但是自由的世界，而且还是正义的世界；

不但是正义的世界，而且还是真美的世界"①。

这场论战从表面上看，是文化问题的争论，实际上是中国现代化取向之争。在学术界，许多人认为这场论战开始于1915年、结束于1927年。其实，在20世纪三四十年代这场论战又重新爆发，加上30年代关于中国社会性质和社会史的讨论也开始了，使得中西文化的论战越来越深化、越来越深刻。

在20世纪30年代初开始的新论战中，最大的变化，是"西化"这个概念被"现代化"这个新概念取代，讨论的范围也超越了东西文化观的争论，国民经济改造问题、工业化和产业革命问题等也进入了讨论的范围。影响最大的是1933年7月在《申报月刊》的"中国现代化问题号"特辑展开的中国现代化问题讨论。在这场讨论之后，1935年初，陶希圣等10位教授发表的《中国本位的文化建设宣言》提出了"中国本位文化"这个新概念，以同"现代化"概念相抗衡。与此同时，1934年初，陈序经出版的《中国文化的出路》公开提出了"全盘西化论"，但这一观点一经提出就遭到各方的批评。连公开说过"我是主张全盘西化的"胡适，在讨论中也表示要收回自己说过的话。这期间，各家各派各种观点相继阐发，既淋漓尽致，又错综复杂，尽管也有人认为可以把"西化"和"中国化"都包含在"现代化"中，但在论战中各种观点相互对立，一直没有形成共识。直到毛泽东的《新民主主义

---

① 罗荣渠主编：《从"西化"到现代化——五四以来有关中国的文化趋向和发展道路论争文选》，北京大学出版社1990年版，第135页。

论》发表，才为这场思想文化论战作了一个历史性的总结。

1938年10月，毛泽东在党的扩大的六届六中全会上，针对党内长期存在的教条主义，提出了"马克思主义中国化"这一重要思想。在提出和论述这个重要思想的时候，毛泽东强调，成为伟大中华民族的一部分而和这个民族血肉相联的中国共产党员，不仅要学习马克思列宁主义和现实运动的经验，还要承继从孔夫子到孙中山这份珍贵的遗产。这个论断尽管是毛泽东在党内讲的，但针对的不只是党内存在的问题。不久，他在整风文献中强调要反对党八股时指出，五四运动期间对西方文化和中国传统文化肯定一切和否定一切都是形式主义的。在此基础上，他在1940年1月发表了《新民主主义论》，从政治、经济与文化的唯物辩证关系阐述了中国和中国文化发展的方向，澄清了近代以来在如何对待中西文化关系上的种种错误观点和模糊认识，批判了全盘西化论和当时在国民党推动下泛起的复古论以及文化专制主义，强调要建设民族的科学的大众的新民主主义文化。

毛泽东的《新民主主义论》是在陕甘宁边区文化协会第一次代表大会上的演讲，后来发表于1940年2月15日的《中国文化》创刊号，原题为《新民主主义的政治和新民主主义的文化》，重点论述的就是文化问题。这部著作共讲了15个问题，从"中国向何处去"这个方向性问题讲起，以"我们要建立一个新中国"为纲，通过中国的历史特点、中国革命是世界革命的一部分这样历史和时代的纵横分析，在全面阐述新民主主义的政治和经济的过程中驳斥了各种谬论，并解释了旧三民主义和新三民主义的异同，在此基础上论述了我们要建立的文化是新民主主义文化，并在回顾中国文化革命的历史特点及其经历的四个时期斗争历史的同时，分析了文化性质问题上的各种偏向，最后，毛泽东深刻指出：我们要建立的新民主主义文化是民族的科学的大众的文化。

《新民主主义论》提出的"民族的科学的大众的文化"，是毛泽东对鸦片战争以来，特别是20世纪20年代到40年代中国思想界长期争论的"中学"与"西学"关系的结论。毛泽东在《新民主主义论》中既充分肯定了中华文明是老祖宗留给我们中国共产党人的珍贵文化遗产，我们要发扬光大中华民族的优秀传统文化，又明确指出了科学和民主是我们在向世界学习中获得的宝贵思想财富，还明确指出了新民主主义文化是以共产主义思想为领导的。正如毛泽东所指出的，五四运动之前，中国文化战线上的斗争是资产阶级新文化同封建阶级旧文化的斗争；五四运动之后，是共产主义思想领导的新民主主义文化同旧民主主义文化的斗争。显然，毛泽东提出的"民族的科学的大众的文化"，是中国共产党的文化革命和文化建设纲领。这里强调的"民族"，针对的是崇洋媚外的全盘西化论和西化论；这里强调的"科学"，针对的是国粹派维护的封建道统和复古论；这里强调的"大众"，针对的是文化专制主义和脱离人民的倾向。尽管当时中国共产党还没有提出要推倒帝国主义、封建主义、官僚资本主义这"三座大山"，但在文化建设上已经提出了和推倒这"三座大山"相对应的三大文化建设目标，即：在反对帝国主义中建立"民族的文化",在反对封建主义中建立"科学的文化",在反对官僚资本主义中建立"大众的文化"。也就是说,建设"民族的科学的大众的文化",不仅回答了鸦片战争以来特别是五四运动以来关于夷夏之辨和道器、体用、中西、古今之争,还提出了在马克思主义中国化指导下建设融中华文明同以科学和民主为特点的现代文明于一体的新文明,为在中国探索符合中国国情和历史文化特点的现代化之路指明了奋斗方向。

对于中国思想文化界发生的这场旷日持久、历时数十年的争论,我们在这本小书里难以进行具体梳理和细致分析。但是从上述轮廓性的历史线索描述中,我们可以看到,近代以来,特别是20世纪初到20世纪40年代,国人为探索中国的现代化的方向做了多么长时间的努力,足见这个问题之大、之难、之重要。

第二场论战,关乎方针和重点,争论的是"以农立国"还是"以工立国"。

现代化的方针之争,是中国在实现现代化的时候重点是坚持"以农立国"还是实现"以工立国"。这个争论早在五四运动前后,就已经伴随中西文化之争发生了。所有反对新文化运动的国粹派、推动中西调和的学者,以及极力主张改变农村教育文化落后面貌的知识分子,几乎都主张"以农立国",致力于推进乡村建设;所有新文化运动的干将、主张西化和全盘西化的学者,几乎都强调"以工立国",致力于推进中国工业化。由此可见,中西文化之争和"以农立国"还是"以工立国"之争之间,有很大的交互性。前者侧重于中国现代化的方向问题，探讨的主要是中国的现代化要不要学西方、现代化是不是西方化之类复杂问题；后者更侧重于中国现代化的方针和重点，探讨的主要是中国的现代化要不要工业化、要不要复兴乡村之类复杂问题。之所以称为"复杂问题"，就是因为它的答案不是单向度的，不能认为现代化要学西方就可以搞西方化，也不能认为现代化要推进工业化就可以让落后的农业和农村继续衰败凋零。更为重要的是，"立国"的问题，不是单单讨论"工"或"农"何为重点就可以解决的。要推进中国的工业化并在工业化进程中改变农业农村的落后面貌，必须通过革命推翻帝国主义和封建主义的统治，建立有利于实现现代化的社会环境。但在当时的历史条件下，要让论战的各方都能够妥善地认识诸如此类复杂问题并不容易。

在20世纪20年代，最早主张"以农立国"的代表人物，是曾任北洋政府教育总长的章士钊。1923年8月，他在《业治与农》一文中，就已经提出"以农立国"以免重蹈欧美工业国所贻于人民之苦痛的主张。[①] 1923年10月25日，董时进也在上海《申报》发表文章专论为什么中国不宜工业化。影响最大的还是章士钊1923年11月在上海《新闻报》发表、后于1926年1月又在《甲寅周刊》重新发表的《农国辨》。他在文章中通过"农国"与"工国"的对比，历数"农国"在政治、礼仪、财务、人伦、人情、

---

① 罗荣渠主编：《从"西化"到现代化——五四以来有关中国的文化趋向和发展道路论争文选》，北京大学出版社1990年版，第681—683页。

官风等方面的优越性,强调"农国政尚清静,以除盗安民,家给人足,为兴太平之事","农国说礼仪,尊名分,严器数","农国于财务节流,于人务苦行,于接物务执谦","农国重家人父子,推爱及于闾里亲族,衣食施于恒不计","农国恶讼,讼涉贷钱分产,理官每舍律例,言人情,劝两造息争以退","农国以试科取人,言官单独闻风奏事,不喜朋党,同利之朋,尤所痛恶"[①]。此文同梁启超1920年发表的《欧游心影录》、梁漱溟1921年发表的《东西文化及其哲学》前后相呼应,试图在"中西互补"和"中国化复兴"中,重建"农为国本"理念,重建正在瓦解中的中国农本社会,以从经济上保全国粹国本。基于章士钊在学术界的声望,此文影响很大。

反对"以农立国"的,有杨铨、恽代英、杨明斋等人。1923年9月,孙倬章在《东方杂志》发表的《农业与中国》认为,"以农立国"之说与人类进化的历史相悖,不能因欧美工业进化之恶果而"反抗进化潮流"。他指出,无论从经济上观察,从政治上观察,还是从学术上观察,中国都不能偏重农业。[②]他虽然尊章士钊为言论界泰斗,景仰其"以学理谈政治",但不同意"以农立国"的主张。杨铨针对章士钊的观点,于1923年10月28日在上海《申报》发表了题为《中国能长为农国乎》的文章,指出:"今世之立

---

① 罗荣渠主编:《从"西化"到现代化——五四以来有关中国的文化趋向和发展道路论争文选》,北京大学出版社1990年版,第780页。
② 罗荣渠主编:《从"西化"到现代化——五四以来有关中国的文化趋向和发展道路论争文选》,北京大学出版社1990年版,第687—704页。

国，农业与工业不可偏废者也，而在中国为尤甚。"他说："苟无农业机械之改良，与水陆交通之建设，自给且不足，何能角逐于世界之市场。"①恽代英同年10月30日也在上海《申报》发表题为《中国可以不工业化乎》的文章，逐一驳斥了董时进关于中国不宜工业化的观点，指出"中国亦必化为工业国然后乃可以自存，吾以为殆无疑义"②。杨明斋也在1924年6月出版的《评中西文化观》一书中，运用历史唯物主义的基本观点，从经济、政治、文化、历史各个方面揭示了中国传统农业社会存在的严重问题，驳斥了章士钊的《农国辨》。比如针对章士钊通过"农国"与"工国"的对比历数"农国"优越性之说，杨明斋用具体事实指出农国也有贫富分化，也有生产过剩，指出工业国发生的劳资阶级"相对如寇仇"并不是工业生产的病，"而是分配和财产制度的病"。③

中国的现代化，是取"以农立国"方针，还是取"以工立国"方针，这场论战并没有到此结束，20世纪三四十年代又爆发过两次。可见，这个问题对于中国现代化方针选择和重点选择之重要性。

到20世纪30年代，伴随思想文化界兴起的中国本位文化论与全盘西化论的论战，"以农立国"还是"以工立国"的论战重新

---

① 罗荣渠主编：《从"西化"到现代化——五四以来有关中国的文化趋向和发展道路论争文选》，北京大学出版社1990年版，第772页。

② 罗荣渠主编：《从"西化"到现代化——五四以来有关中国的文化趋向和发展道路论争文选》，北京大学出版社1990年版，第777页。

③ 杨明斋：《评中西文化观》，黄山书社2008年版，第161页。

活跃起来。其中，一个很重要的原因，是30年代的世界经济危机对中国农业发展形成了巨大的冲击，农民流离失所，农村凋敝衰败。另一个重要原因，是自20年代末以来，在河北定县、南京晓庄、山东邹平、江苏昆山、北平清河等地出现了一批以平民教育为中心的乡村建设实验区。全国各地这些以平民教育为中心的乡村建设实验区，都是由接受过西方教育的知识分子搞起来的。他们认为，中国落后的根源在于农村缺乏文化教育。因此，他们号召知识分子到农村去，从教育、文化入手，建设好中国的"农本社会"或"伦理农本社会"。最为突出的是，著名的平民教育家晏阳初认为，中国农村的落后在"愚贫弱私"四个字。他自20世纪20年代从欧美回国后，就致力于开展乡村平民教育，和陶行知等一起建立了中华平民教育促进总会。他创造的河北定县经验在全国乃至于全世界影响都很大，被誉为"世界平民教育之父"，1943年和爱因斯坦等人一起被评选为"现代世界最具有革命性贡献的十大伟人"。尽管这种乡村建设的努力十分可贵，但相对于革命还只是一种改良，唯有获得人民大革命的胜利，才能真正改变中国农村的"愚贫弱私"。

在20世纪30年代"以农立国"还是"以工立国"的论战中，在中西文化论战中提出"中国文化复兴"论的梁漱溟影响最大。应该讲，他当时提出的观点和30年代初章士钊提出的"以农立国"论有联系又有区别，并不是要保全国粹，但同样强调"欧化不必良，欧人不足法"。尤其是他不仅有理论，还有实践，是致力于推进乡村建设运动的鼓动家、实践家。他于1931年6月15日在邹平建立的山东乡村建设研究院，在当时影响很大。根据罗荣渠主编的《从"西化"到现代化》汇编的文史资料，当年参与这场论战的，除了梁漱溟，还有吴景超、陈序经、千家驹、漆琪生等各方面有影响的专家学者。他们的观点大致可以分为四派：一派主张复兴农村，振兴农村以引发工业；一派主张先发展工业，振兴工业才能救济农业；一派主张先农后工；还有一派则主张农工并重。由此可见，中国的现代化是取"以农立国"还是"以工立国"，是一个大家都很关注的关系现代化全局的方针性问题。

抗日战争全面爆发不久，20世纪40年代初，暂时中断的"以农立国"还是"以工立国"的论战重新活跃起来。1939年12月20日，周宪文发表的《中国不能以农立国——漫谈农本》，对30年代影响很大的"以农立国"论的各种观点进行了评析。同时，他在文章的最后指出："我虽说，时代已经进化到以农不能立国，但我丝毫没有轻视农业的意思，若无农民去种稻，我们就得饿死，若无农民去植棉，我们就得冻死，况在今日，'我国约有百分之九十九民众为农民，五分之四之生产品为农产物，亦可谓百分之九十九之出口货为农产物'，故农业的地位不能不算重要；不过重要不重要是一问题，能否赖以立国又是一问题，这是我们应该注意的。"①此文发表不久，美国密歇根农业大学杨开道博士在1940

---

① 周宪文：《中国不能以农立国》，《时代精神》1939年第1卷第5期。

年1月7日《新蜀报》上发表了《中国以何立国？》的专论，说："过去的中国是以农立国；现在的中国仍然是以农立国，将来的中国还是以农立国。"一场论战便从此展开了。作为对此文的回应，周宪文又发表了《再论中国不能以农立国》。与此同时，杜沧白、王亚南、朱伯康、彭立谟也发表了批评"以农立国"的文章；李鲁航则批评"中国不能以农立国"的错误。杨开道也接连发表文章，并在《新蜀报》上发表了《再论中国以何立国》，对各种批评进行答辩。由此可见，这场论战十分激烈。翁文灏则在讨论中提出了"以农立国，以工建国"的口号，试图把论战中相互对立的观点调和起来，并把"建国"的奋斗方向定在"工"上，反映了大转折时代中国旧知识分子在现代化方针问题上的两重性特点。

在这场论战中，有许多文章非常精彩。其中，中国共产党的著名经济学家许涤新1940年6月4日在《新华日报》上发表的《关于中国以何立国的问题》，尤为令人信服。他针对杨开道的"以农立国"论，在阐述"中国能够'以农立国'吗"这一问题的时候，深刻指出：第一，过去的中国诚然是农业社会，但这并不是中国所特有的。在资本主义社会出现之前，现在被称为工业国家的英法德等国，都无不经过这一阶段，把停留在封建社会的中国看作是特异的东西，来加以赞叹，从社会发展史看来，未免是阿Q的精神胜利了。第二，从鸦片战争到第二次中日战争（指中国人民抗日战争，编者注）一百年间，中国是处在半殖民地半封建社会的境况中。中国现在工业之不发达，乃是帝国主义和封建势力的阻压所形成的病态，并不是中国民族自己"立国"所"立"出来的。如果把这种半殖民地半封建社会沉滞的农业生产看作"以农立国"，那未免是把"腐朽"当"神奇"了。第三，"将来的中国还是要以农立国"的判断，更是成问题的。显然，这是违背社会发展的规律的。如果中国依然保存殖民地和半殖民地的状态，中国的工业当然赶不上帝国主义国家。但是中国的民众是不容许这一状况继续下去的。将来的中国，一定会取得独立自由的。在新中国的环境之下，生产力将会大踏步地发展着，并将远超英国和日本。与此同时，许涤新在文章中还针对周宪文的观点，在阐述"怎样以工去立国"这一问题时，深刻指出：周先生对于杨先生的批判，主要是集中在工与农孰重的问题，像这样的争论，似乎是把握不住问题的本质的。中国"立国"的问题，从本质上来讲，并不是以农业为主或者以工业为主，而是摧毁帝国主义和封建残余之后，去建立一个独立自由幸福的新中国的问题。中国怎样工业化这个问题，并不是简单的技术问题，而是整个政治经济的问题。至于周先生承认杨先生先行改造农业奠定工业基础的主张，在实施程序上是对"以农立国"论的妥协。农业要走上现代化的大道，那就非得以工业为前提不可。许涤新指出："我们很欢迎周先生能代表中等民族企业家的利益，为着中国的工业化而论争，但我们更希望周先生能更进一步，为奠定工业化之前提而奋斗。我们相信，只要我们努力，中华民族一定能获得解放，障碍生产的封建势力一定可以肃清，中国的国民经济一定可以走上发展的大道。"

最后，许涤新在文章中引用毛泽东在《新民主主义论》中的论述，用提示的方式简明扼要地阐述了"中国应走的道路"，一是建立新民主主义的共和国，二是"节制资本"和"平均地权"，为使中国工业化和使农业走上工业化的途径创造前提。[①]

经过20世纪20年代、30年代、40年代三次论战，中国是"以农立国"，还是"以工立国"的现代化方针和现代化重点的选择问题，终于有了结论。这就是在毛泽东的《新民主主义论》和《论联合政府》等文章中阐述的中国革命和中国现代化之路。其要义，一是中国共产党一以贯之强调的，唯有通过新民主主义革命赢得民族独立和人民解放，才能为中国实现现代化创造必要的条件。二是毛泽东代表中国共产党提出的，"中国工人阶级的任务，不但是为着建立新民主主义的国家而斗争，而且是为着中国的工业化和农业近代化而斗争"，"使中国由农业国变为工业国"。[②]

第三场论战，关乎道路，争论的是走资本主义发展道路还是走社会主义发展道路。

[①] 罗荣渠主编：《从"西化"到现代化——五四以来有关中国的文化趋向和发展道路论争文选》，北京大学出版社1990年版，第897—909页。

[②] 《毛泽东选集》第三卷，人民出版社1991年版，第1081页。毛泽东还在1944年8月31日《给秦邦宪的信》中说过："新民主主义社会的基础是工厂（社会生产，公营的与私营的）与合作社（变工队在内），不是分散的个体经济。分散的个体经济——家庭农业与家庭手工业是封建社会的基础。不是民主社会（旧民主、新民主、社会主义，一概在内）的基础，这是马克思主义区别于民粹主义的地方。简单言之，新民主主义社会的基础是机器，不是手工。我们现在还没有获得机器，所以我们还没有胜利。如果我们永远不能获得机器，我们将永远不能胜利，我们就要灭亡。"（《毛泽东文集》第三卷，第207页）

在中国，关于什么是现代化、怎么实现现代化的争论和选择，最最深刻的一点，是中国有许多有识之士，在马克思主义传播到中国来以后，很快就认识到，要实现中国的现代化，关键在找到正确的道路。这就是中国是走资本主义发展道路还是走社会主义发展道路的问题。

早在20世纪20年代，在瞿秋白、杨明斋同梁启超《欧游心影录》的"中西互补"论和梁漱溟《东西文化及其哲学》的"中国化复兴"论进行论战时，就已经提出，"二十世纪以来，物质文明发展到百病丛生。'文明问题'就已经不单在书本子上讨论，而且有无产阶级的社会主义运动实际上来求解决了。无产阶级的革命要彻底变易人类之经济，社会和文化的生活"[①]。

在20世纪30年代中西文化之争深入到"现代化"与"中国本位文化"、"全盘西化"之争的时候，中国现代化应走社会主义道路，还是走资本主义道路、抑或走受节制的资本主义或非资本主义发展道路的问题，都已经提了出来。这在1933年7月《申报月刊》组织的中国现代化问题征文中，比较集中地反映了出来。这次征文收到10篇短论和16篇专论，共计26篇文章。陶孟和、樊仲云、吴泽霖、周宪文、郑学稼、金仲华、吴觉农等学术界有影响的知名人士都提供了文章，参加了讨论。特辑编辑在前言说明中指出，这次征文和讨论，是在世界经济危机加剧、我国农村

---

① 罗荣渠主编：《从"西化"到现代化——五四以来有关中国的文化趋向和发展道路论争文选》，北京大学出版社1990年版，第105页。

破产和日本侵占东北的严峻形势下举行的。讨论的重点是两个问题："一、中国现代化的困难和障碍是什么？要促进中国现代化，需要什么几个先决条件？""二、中国现代化当采取哪一个方式，个人主义的或社会主义的；外国资本所促成的现代化，或国民资本所自发的现代化？又实现这方式的步骤怎样？"[①]显然，在当时的条件下，能够在讨论现代化道路的选择问题时，把社会主义和资本主义这样的大问题提出来，不仅是难能可贵的，而且说明人们已经意识到技术的现代化、经济的现代化同政治的现代化是不能分割的。更重要的是，征文作者绝大多数人都主张中国应走非资本主义发展道路，也有人明确指出必须走社会主义发展道路。在马克思主义传入中国仅仅15年，而且是在1927年大革命失败、中国共产党已经从城市转到农村的社会政治环境下，在《申报月刊》组织的"中国现代化问题号"特辑中，中国思想界能够发出这样的声音，是值得高度重视的。

在征文讨论中，关于中国现代化应该选择什么道路，主要有以下四种观点：

第一种观点，是选择社会主义。杨幸之在《论中国现代化》一文的开头写了一段对未来的展望："总有一个时候，中国的工人乘着汽车，农人会乘着农耕机器车，而且能取其所需，人必尽其所能。"他在文章中首先"拿铁一般的事实证明中国是落后"，

[①] 罗荣渠主编：《从"西化"到现代化——五四以来有关中国的文化趋向和发展道路论争文选》，北京大学出版社1990年版，第218页。

然后指出中国"是前进的落后，而不是固定的落后"。在此基础上，他分析了中国"为什么会落后"，强调"国际资本帝国主义者与残余封建势力两重恶势力便是束缚中华民族使其不能前进的桎梏"。最后，他在论述"怎样才能现代化和怎样现代化"的时候，指出：第一，关于"怎样才能现代化"这一问题，"答案当然是须先消灭障碍中国前进的反动垒堡，把中国从帝国主义和封建势力的魔掌里夺回来"。第二，关于"怎样现代化"这一问题，"直截了当的说，即社会制度之彻底改革，尤为重要"。他认为资本主义日薄崦嵫，社会主义正走向胜利的前途。"何去何从？无论是谁，都该知所选择吧！"[1]戴霭庐在《关于中国现代化的几个问题》中，先是讲了中国现代化之难，难在精神方面缺乏人才、物质方面缺乏资金。然后分析了中国现代化当采取的方式，认为"将来的现代化，应采用哪一种方式，恐怕不能预先决定；但是理想上当然不应采用与时代背驰的个人主义，因为许多现代化，非俟社会主义的方式，不能成的，除非中国对于现代化，完全放任，而不愿加以促进，那末或者可以苟安于个人主义的方式"[2]。罗吟圃在《对于中国现代化问题的我见》中，明确指出："中国目前

---

[1] 罗荣渠主编：《从"西化"到现代化——五四以来有关中国的文化趋向和发展道路论争文选》，北京大学出版社1990年版，第243—257页。
[2] 罗荣渠主编：《从"西化"到现代化——五四以来有关中国的文化趋向和发展道路论争文选》，北京大学出版社1990年版，第265页。

的急务是应厉行社会主义革命政策,这是无可讳言的事实。"①

第二种观点,是选择扫除帝国主义与中世纪黑暗势力的非资本主义发展道路,为走向社会主义打下基础。祝伯英在《现代化的正路与歧路》一文中说,中国虽有悠久的历史,却因为它的落后而衰弱。为去掉这个"落后"性,而踏入现代化的阶段。可是,中国已经有机器、工厂、银行、交易所,有宪法、警察、法院,还有现代的枪炮、军舰,甚至有"摩登"的跳舞场、西装、革履、曲线毕露的女装,然而中国还是不强。对于为什么会出现这样的情况,他经过层层分析,指出:"如果要使中国真能现代化,消灭没落的气象,走上发展的道路,那只有将中国的经济,作全盘的改造,将先进的生产技术,运用来建立社会的全部。""那么,这是什么道路呢?不是资本主义的方式,便该是社会主义的方式?我觉得单纯的肯定或否定,都不对的。现在阻碍我们上述的现代化的基本原素,就是帝国主义与中世纪的黑暗势力。我们的建设虽不是资本性,可是它应该是扫除这两种的压力的。我们建设的开始,虽然不就是社会主义,可是决不是发展资本经济。就在扫除这两重势力中,放下了基础,以便建设社会主义的经济。没有这一种特殊形式的现代化,社会主义的经济是不可能的。"②董之学在《中国现代化的基本问题》中,通过对中国社会的性质和中

---

① 罗荣渠主编:《从"西化"到现代化——五四以来有关中国的文化趋向和发展道路论争文选》,北京大学出版社1990年版,第274页。
② 罗荣渠主编:《从"西化"到现代化——五四以来有关中国的文化趋向和发展道路论争文选》,北京大学出版社1990年版,第222—231页。

国经济的出路比较分析后，认为"中国不是单纯的资本主义社会，可以不需要社会主义革命；它也不是单纯的封建主义社会，所以不需要欧美式的资本主义化；它仅是介于两者中间的复式社会，很可以而且需要采取非资本主义的路线"。最后，他指出："只要政治问题得到解决，我敢信非资本主义的经济改造与建设，是可以一帆风顺地进行的。"①

第三种观点，是选择受节制的资本主义。张素民在《中国现代化之前提与方式》一文中说："我以为个人主义的资本主义（individualistic capitalism）早已过去，本世纪各国的资本主义，都是'受节制的资本主义'（regulated capitalism）。所谓节制的资本主义，即一切经济事业，受政府的节制或限制，甚或由政府自办，这与斯密亚当之自由放任政策完全相反。中国今日之现代化，宜急起直追，努力进行，决非私人资本所能办到。何况民穷财尽，私人资本寥寥无几呢？""所以个人主义的方式，在我们的现代化之计划中，当然在摒弃之列，这是毫无疑问的。"他的结论是："我以为中国现代化的方式，即是用政府的力量，行大规模的工业化，并对于私人企业随时节制。我们称之为受节制的资本主义固可。"②

第四种观点，是选择个人主义即私人资本主义。唐庆增的文

---

① 罗荣渠主编：《从"西化"到现代化——五四以来有关中国的文化趋向和发展道路论争文选》，北京大学出版社1990年版，第246—247页。
② 罗荣渠主编：《从"西化"到现代化——五四以来有关中国的文化趋向和发展道路论争文选》，北京大学出版社1990年版，第235—237页。

章，题目是《中国生产之现代化应采个人主义》。他说："我国今日，应采个人主义欤？或社会主义欤？愚见所及，社会主义在将来之我国，或有施行之必要，目前则非我国所需，此为愚年来所持之管见，不敢与时贤苟同者也。"其一，"社会主义，只适用于贫富不均之国家，而我国乃为生产落后之国家"。其二，"财富之增加，非实行个人主义，殆无由达其目的也"。其三，"现时实施经济政策，不可好高骛远，专以摹仿苏俄为事也"。其四，"个人主义非恶名也"。他在文章的最后部分明确指出，"欲使中国现代化，以采用私人资本主义为宜"[①]。

从《申报月刊》组织的"中国现代化问题号"特辑中，我们可以注意到，参加征文讨论的作者中，尽管有相当多的作者只谈工业化、产业革命、国民经济改造、文化运动等具体问题而不触及发展道路。但是，谈及发展道路问题的，只有一人明确主张中国现代化应走资本主义发展道路，有相当多的作者主张中国现代化应走社会主义发展道路或非资本主义发展道路，也有不少人主张走有节制的资本主义发展道路。之所以在当时会出现这个现象，从客观上说，是世界形势之使然，20世纪30年代资本主义世界的经济危机与社会主义苏联欣欣向荣，两者所形成的极大反差给中国思想界提供了极大的启发；从主观上讲，是中国的知识分子已经不同于五四运动前后刚刚接触马克思主义的知识分子，而是对

[①] 罗荣渠主编：《从"西化"到现代化——五四以来有关中国的文化趋向和发展道路论争文选》，北京大学出版社1990年版，第304—306页。

马克思主义和中国国情两个方面都已经有相当深入观察和研究的知识分子。

怎么看这三场长达30多年的思想文化论战？从论战背景来看，这是中国在经历了洋务运动、戊戌变法、辛亥革命三次失败后，从被动的现代化选择向主动的现代化选择转化的集中体现；从论战的新动向来看，这三场论战中各方发表的著述及其阐述的观点，有一点值得高度重视，这就是在经历了被动"学西方"的一系列失败后，从新文化运动后开始的一次次此起彼伏的思想文化论战中，在中国人思考中华民族的前途命运和选择中国现代化之路时，"马克思主义"、"马克思主义中国化"和"社会主义道路"成为越来越多的中国人的首选；从论战骨干来看，我们注意到，在这些思想文化论战中，敢于挑战权威的，都是年轻人，其中事实讲得最清楚，说理也最透彻的，是刚刚掌握马克思主义思想武器的年轻人。正所谓"长江后浪推前浪，江山代有才人出"。这正是中国的希望所在。也就是说，中华民族后来走上社会主义现代化之路，绝不是偶然的。

第四节　主动现代化的探索及其曲折历程：新中国成立以来中国现代化的三次高潮和三种选择

回眸中华民族为实现工业化和现代化不懈奋斗的历史，前前后后大约有五次高潮。其中，新中国成立前有两次高潮，新中国成立后有三次高潮。

新中国成立前的两次高潮，即洋务运动和辛亥革命后为实现孙中山"实业计划"而作出的努力。如前所述，在鸦片战争到辛亥革命进行了三次现代化的尝试和选择，但戊戌变法仅仅103天就夭折了，没有形成实际的成果；洋务运动尽管也失败了，但前后时间长达30多年时间，在发展工业实业和国民教育等方面取得了不少成果，形成了一个现代化的高潮；辛亥革命在作出推翻君主专制制度的历史性贡献后，由于中国民族资产阶级的软弱性把政权拱手让给袁世凯也失败了,但孙中山提出的"实业计划"以及民国政府后来为实现这一计划作出的努力,也形成了一个现代化高潮。尽管这次现代化高潮没有改变中国半殖民地半封建社会状况,并在日本侵华战争全面爆发后夭折,但也为我们留下了一些现代工业和现代城市的底子。也就是说,到新中国成立前,中国大体上经历过两次现代化高潮。需要指出的是,这两次现代化高潮有一个共同的特点,就是:学西方。由此带来了一个共同的命运,就是:失败。

在中国现代化历史上,真正推动中国走向现代化的,是新中国成立后的三次高潮。这三次高潮,是历史地发生和推进的,也形成了三次历史性的选择。

第一次高潮,是新中国成立后实施第一个五年计划时期的现代化高潮,选择的主要是苏联的现代化经验。

第一个五年计划时期,指的是1953年到1957年。新中国成立后,我们经过三年国民经济恢复时期,在1953年正式提出党在过渡时期的总路线,即在相当长的时期内,逐步实现国家的社会主义工业化,并逐步实现国家对农业、手工业和资本主义工商业的社会主义改造。与此同时,党和国家制订了第一个五年计划。我们依靠自己的努力,加上苏联和其他友好国家的支援,兴起了社会主义建设高潮,取得了重大成就。同时,由于主要是学苏联的工业化经验,出现了许多水土不服的问题,毛泽东在调查研究基础上发表了《论十大关系》《关于正确处理人民内部矛盾的问题》

等著作，提出要探索符合中国国情的中国工业化道路。

新中国成立前，1949年3月5日至13日在河北省平山县西柏坡举行的党的七届二中全会，就已经描绘了新中国的宏伟蓝图。在这次具有重大历史地位的全会上，中国共产党就已经作出决定，中国革命在全国胜利后，要迅速恢复和发展生产，使中国稳步地由农业国转变为工业国，由新民主主义国家转变为社会主义国家。如果联系20世纪初特别是20年代到40年代思想文化界关于中国现代化的方向、中国现代化的方针和重点、中国现代化的道路这三次论战，可以看到中国共产党是一个具有现代化雄才大略的政党。党的七届二中全会提出的这"两个转变"，是一个产业现代化和制度现代化并进的中国现代化大战略。为实现这"两个转变"，党的七届二中全会还制定了革命胜利后党在政治、经济、外交等方面的方针政策。尤其是在经济方面，全会根据新民主主义理论和对革命胜利后我国五种社会经济成分的科学分析，明确提出：第一，没收官僚资本归人民共和国所有，使这部分经济成为社会主义性质的国营经济，成为整个国民经济的领导力量。第二，对于占现代工业经济第二位的私人资本主义经济，采取既利用又限制的政策，促进它的健康发展。第三，对于占国民经济90%左右的农业和手工业经济，谨慎地、逐步地而又积极地引导它们通过合作社的形式，向着集体化和现代化的方向发展。

党的七届二中全会后，1949年6月至8月，刘少奇率团访问苏联。此行的目的，不仅向斯大林介绍中国革命形势和新中国筹建的情况，同联共（布）中央直接交换意见，而且争取苏联对新中国政治、经济、外交等各个方面工作的理解和支持；消弭中苏两党历史上形成的一些隔阂，为新中国与苏联建交和毛泽东访苏作准备。其间，刘少奇提出向苏联学习党和国家建设经验的希望，包括学习国家组织、经济计划和管理、文化教育以及党和群众组织机构设置和管理职能的经验。斯大林充分肯定了中国经验，决定苏联按照1%的年利率向中国共产党提供3亿美元的贷款，并答应中共提出的急需项目帮助和专家支援的请求。

一个全会，一个出访，这两件大事足见中国共产党是一个为人民谋幸福和为民族谋复兴的马克思主义政党，在新中国成立前就为实现中国的现代化作了深入思考、全面谋划和充分准备。

新中国成立不久，在抗美援朝战争还在进行之际，1951年2月14日，毛泽东在中央政治局扩大会议上作出"三年准备，十年建设"的战略部署。会议决定，自1953年起实行发展国民经济的第一个五年计划，由周恩来、陈云等6人组成领导小组，负责编制五年计划。中共中央1952年12月22日向各中央局、分局并转省市区党委的《关于编制一九五三年计划及五年建设计划纲要的指示》，第一句话就是："国家大规模的经济建设业已开始。这一建设规模之大，投资之巨，在中国历史上都是空前的。"[1]但由于旧中国留下的统计资料不全，国内资源状况不明，加上这是我们

---

[1] 中央档案馆、中共中央文献研究室编：《中共中央文件选集（1949年10月—1966年5月）》第10册，人民出版社2013年版，第428页。

编制的第一个五年计划，还没有编制这样的国民经济发展计划的经验，"一五"计划只能采取边计划、边执行的办法，不断修订、调整、补充、完善。因此，"一五"计划编制工作，从1951年春至1955年，历时4年之久，五易其稿才完成。

在没有编制国民经济发展计划经验的情况下，最好的办法就是向苏联学习，并争取苏联政府的援助。1952年8月下旬，以周恩来为团长，陈云、李富春为副团长的中国政府代表团应邀前往莫斯科，带着"一五"计划草案征询苏联政府的意见，并与苏联政府商谈援助项目。斯大林两次会见中国政府代表团并给予重要指导。1952年9月，中共中央书记处召开会议，听取了周恩来关于"一五"计划轮廓问题同苏联商谈情况的汇报，讨论了"一五"计划的方针和任务。更为重要的是，就在这次会议上，毛泽东根据国民经济基本恢复后的实际情况，首次提出"中国怎样从现在逐步过渡到社会主义去"这一大构想。这样，编制第一个五年计划，推进中国工业化，就和1953年6月制定的党在过渡时期总路线有机地联系在一起。

立志实现中华民族伟大复兴的中国共产党，提出了一个融现代化的生产力和社会主义的生产关系于一体的中国现代化大战略。根据党在过渡时期总路线的要求，"一五"计划所确定的基本任务是：集中主要力量进行以苏联帮助我国设计的156个建设项目为中心、由694个大中型建设项目组成的工业建设，建立我国的社会主义工业化的初步基础，发展部分集体所有制的农业生产合作社，以建立对农业和手工业社会主义改造的基础，基本上把资本主义工商业分别纳入各种形式的国家资本主义的轨道，以建立对私营工商业社会主义改造的基础。这确实是从根本上改变中国落后面貌的一个宏大的现代化规划、一个宏大的现代化战略。

"说得到、做得到"的中国共产党，立即把这一宏大的规划和战略付诸实施。在过渡时期总路线指引下，在实施第一个五年计划进程中，全国各族人民掀起了轰轰烈烈的社会主义建设热潮。电影《护士日记》及其主题曲《小燕子》，反映的就是第一个五年计划时期上海青年奔赴东北，投身工业建设火热生活的历史场景。到1957年底，中国的工业、交通运输业和基本建设等各条战线捷报频传，"一五"计划全面提前超额完成。五年内，全国完成投资总额为550亿元，其中国家对经济和文教事业的基本投资总额为493亿元，超过原计划427.4亿元的15.3%。五年内新增固定资产460亿元，相当于1952年底固定资产原值的1.9倍。五年内施工的工矿建设项目达1万多个，其中大中型项目有921个，比计划规定的项目增加227个。到1957年底，建成全部投入生产的有428个，部分投入生产的有109个。苏联援建的156个重点项目有135个项目已经施工建设，有68个项目建成或部分建成投入生产。这些投资和基本建设，给中国工业化注入了强大的动力，打下了中国现代化的坚实物质基础。1957年工农业总产值达到1241亿元，比1952年增长67.8%。1957年的国民收入比1952年增长53%。1957年工业总产值超过原计划21%，比1952年增长128.5%。1957年手工业总产值比1952年增长83%。主要工业品的生产也是这样，1957年的钢产量为535万吨，比1952年增长近3倍；原煤产量为1.31亿吨，比1952年增长98.6%；发电量为193亿度，比1952年增长164.4%。中国过去没有的一些工业，包括飞机、汽车、发电设备、重型机器、新式机床、精密仪表、电解铝、无缝钢管、合金钢、塑料、无线电等，从无到有，纷纷建成，并已形成我国工业布局的基本框架。在中国社会主义建设的春潮中，呈现给世人的是一个现代工业化国家欣欣向荣的初步面貌。正如《小燕子》歌曲中所唱的："我问燕子你为啥来，燕子说：这里的春天最美丽。""小燕子，告诉你：今年这里更美丽。我们盖起了大工厂，装上了新机器，欢迎你长期住在这里。"

不仅在现代生产力方面，在现代社会生产关系方面，也向世人呈现出一片从未有过的社会主义新气象。在"一化三改造"为主要内容的过渡时期总路线指引下，工业化取得明显成效，对农业、手工业和资本主义工商业的社会主义改造也取得明显成效。在国民收入中，1957年同1952年相比，国营经济所占比重由19%提高到33%，合作社经济由1.5%提高到56%，公私合营经济由0.7%提高到8%，个体经济则由71.8%降到3%，资本主义经济由7%降到1%以下。也就是说，对生产资料私有制的社会主义改造基本完成，社会主义经济成分在国民经济中已经占绝对优势。

当年在宣传过渡时期总路线时，人们把"一化三改造"形象地比喻为一只冲天腾飞的大鸟，鸟身是"工业化"，鸟的两个翅膀一个是"对农业、手工业的社会主义改造",另一个是"对资本主义工商业的社会主义改造"。现在,看到这只大鸟真的腾飞冲天了,亿万人民群众是多么兴奋!中国经济和社会在短短几年就发生如此令人目不暇接的巨大变化,是20世纪三四十年代许多为中国现代化是选择"以农立国"还是"以工立国"争得不可开交的人无法想象的。

推进工业化和社会主义改造的实际进程及其在这一进程中发生的这一切变化,用"高潮"二字来表达,一点也不为过。事实上,在第一个五年计划时期,中国掀起了两个"高潮",一个是"工业化高潮",另一个是"社会主义改造高潮"。这两个"高潮"相互联系、相互促进,形成了一个包括社会生产力和生产关系两个方面现代化的"社会主义现代化建设高潮"。在这个"高潮"中,显示出了我国工业发展的速度远远超过主要资本主义国家,彰显出社会主义制度的极大优越性。

与此同时,我们也意识到"高潮"中的隐忧和不足。比如农业生产虽然也取得较大发展,但同工业相比有着较大的差距。1957年农业总产值完成原计划的101%,比1952年增长25%,而1957年工业总产值超过原计划的21%,比1952年增长128.5%。尤其是中国的农业原来就非常落后,而现在大量的投资主要投在工业特别是重工业,农业在工业大量投资和快速发展的压力下,同工业之间的差距凸显。在筹备党的八大过程中,1956年2月14日至4月24日,毛泽东在大规模的调查研究中发现了这些问题。

比如关于重工业和轻工业、农业的关系，毛泽东指出："重工业是我国建设的重点。必须优先发展生产资料的生产，这是已经定了的。但是决不可以因此忽视生活资料尤其是粮食的生产。""我们现在的问题，就是还要适当地调整重工业和农业、轻工业的投资比例，更多地发展农业、轻工业。"[①]他在当时连续听取了国务院34个部门的汇报，从4月下旬起又听取了各省、市、自治区党委的汇报。在此基础上，形成了《论十大关系》这篇探索中国社会主义现代化建设道路的名著。1956年4月25日，毛泽东在中央政治局扩大会议上作了这个报告。中央政治局连续讨论了3天。他根据大家在讨论中提出的意见作了修改补充后，又在5月2日向最高国务会议作了报告。毛泽东所分析的十大关系，前五大关系主要讲经济问题，包括重工业和轻工业、农业的关系，沿海工业和内地工业的关系，经济建设和国防建设的关系，以及经济体制中国家、生产单位和生产者个人的关系，中央和地方的关系，从经济工作包括经济体制的各个方面来调动各种积极因素；后五大关系主要讲政治等问题，包括汉族和少数民族的关系、党和非党的关系、革命和反革命的关系、是非关系、中国和外国的关系，从政治生活和思想文化生活各方面调动各种积极因素。

毛泽东强调这十个问题，是在吸取苏联教训、总结中国经验的基础上提出来的。正如他在《论十大关系》中指出的："特别

[①] 《毛泽东文集》第七卷，人民出版社1999年版，第24页。

值得注意的是,最近苏联方面暴露了他们在建设社会主义过程中的一些缺点和错误,他们走过的弯路,你还想走?过去我们就是鉴于他们的经验教训,少走了一些弯路,现在当然更要引以为戒。"①也正如他后来所说的:搞社会主义,"前八年照抄外国的经验。但从一九五六年提出十大关系起,开始找到自己的一条适合中国的路线"②。毛泽东把我们在第一个五年计划时期出现的问题,归结为照抄苏联的工业化经验而出现水土不服的问题。因此,他在《论十大关系》后发表的《关于正确处理人民内部矛盾的问题》中,提出了要探索"中国工业化的道路"③这一重大课题。

正因为第一个五年计划时期有那么多的成就,又有那么深刻的总结,我们在研究现代化在中国的选择时,认为这一时期的探索是中国现代化的一次高潮,也是一次选择。这次选择和过去的选择不一样,不是"学西方",而是"学苏联"。这一选择,既证明了"现代化"不等于"西方化",也证明了即使其他社会主义国家的工业化和现代化经验运用到中国来时,也要同中国的基本国情相结合,要像毛泽东说的那样:走中国工业化的道路。

第二次高潮,是1958年开始的以"大跃进"运动为特点的现代化高潮,选择的不是外国经验,而是基于中国人自己急于求成的主观愿望推进的群众运动式的现代化高潮。

---

① 《毛泽东文集》第七卷,人民出版社1999年版,第23页。
② 《建国以来毛泽东文稿》第九册,中央文献出版社1996年版,第213页。
③ 《毛泽东文集》第七卷,人民出版社1999年版,第240页。

"大跃进"运动，指的是1958年至1960年全国在经济建设中开展的以实现工农业生产高指标为主要特征的群众运动。由于差不多同时，人民公社化运动也开始了，这两个运动紧密联系，相互推波助澜。因此，这次运动又被称为"大跃进"和人民公社化运动。这是一次悲壮的现代化进军，既充满了激情、豪迈，又留下了满身创伤、苦痛。没有经历过"大跃进"而只是从书本上了解这场运动的人，听说的大多数是负面的故事和人世间的悲剧，而经历过这场运动的人心头不仅仅有酸痛，还有许多难以言表的情愫，还会不由自主地哼起那时的歌谣"戴花要戴大红花，骑马要骑千里马，唱歌要唱跃进歌，听话要听党的话"。这次运动，由于对社会主义建设经验不足，对经济发展规律和中国基本情况认识不足，加上急于求成，结果欲速不达、遭受挫折。但是，"大跃进"运动虽然经历了这样严重的曲折，但党和人民艰苦奋斗，努力克服来自内外的各种困难，取得了许多难以磨灭的历史成就，提出了实现"四个现代化"的奋斗目标。

　　"大跃进"的口号，是在1957年10月27日《人民日报》社论中首次提出的。1958年5月召开的党的八大二次会议，正式通过了"鼓足干劲，力争上游，多快好省地建设社会主义"的总路线。会后，"大跃进"运动在全国范围内轰轰烈烈开展起来。后来，8月在北戴河举行的中共中央政治局扩大会议，决定在农村普遍建立人民公社。这样，就形成了被称为"三面红旗"的总路线、"大跃进"、人民公社。与此同时，还提出了一些不切实际的口号，比如15年赶超英国、"苦干三年，基本改变面貌"、提前5年完成全国农业发展纲要等。特别是钢产量，在北戴河政治局扩大会议上提出1958年钢产量要在1957年535万吨的基础上翻一番，达到1070万吨。这样，"大跃进"三个字，就和"1070万吨"这个数字直接联系在一起。全国各地为实现这个目标，不仅钢铁工人日夜奋战，其他行业的人民群众也积极参战，大家土洋结合，挑灯夜战，掀起了全民大炼钢铁的群众运动。"全民大办"的口号，又进一步波及交通、邮电、教育、文化、卫生等其他行业，把"大跃进"运动在各行各业全面推向高潮。特别是在农村人民公社化运动中，还提出了"跑步进入共产主义"的口号，不断提升生产资料公有化程度，同时还喊出了"人有多大胆，地有多大产"等忽视客观规律的口号，"高产卫星"充斥报刊。由于思想指导上的急于求成和急躁冒进，形成了工作中的高指标、瞎指挥、浮夸风、"共产风"。

1958年秋，毛泽东离京到天津、河北、河南考察调研。一路上，他敏锐地注意到干部群众的社会主义热情很高，但许多人虚报产量的浮夸风也很严重，发现人民公社化运动中许多干部在思想和政策上存在着的混淆社会主义与共产主义、集体所有制与全民所有制界限的模糊认识，心中十分焦虑。于是，1958年11月2日至10日，他在郑州主持召开了有中央和地方部分领导人参加的工作会议。这个会议，在党史上被称为"第一次郑州会议"。开始几天的会议是在火车专列上开的，11月6日、7日，刘少奇等中央领导同志都到会后，会议改在河南省委招待所举行。会上，毛泽东指出，现在有些人总是想在三五年内搞成共产主义。要划两条线，大线是社会主义和共产主义，小线是集体所有制和全民所有制。他对统一调拨产品、资金、劳力表示了否定的意见，说：一个县的全民所有制，还是大集体所有制，人力、财力、物力都不能调拨。这一点需要讲清楚，同全民所有制不能混同。人民公社的产品不能调拨，同国营工厂不同，如果混同，就没有奋斗目标了。有些同志急于要宣布人民公社是全民所有，废除商业，实行产品调拨，这就是剥夺农民。现在农民的劳动，同土地和其他生产资料一样是他们自己所有的，因此有产品所有权。忘记了这一点，我们就有脱离农民的危险。与此相联系，他批评了废除货币、取消商品的主张，说：现在，我们有些人大有要消灭商品生产之势。他们向往共产主义，一提商品生产就发愁，觉得这是资本主义的东西，没有分清社会主义商品生产和资本主义商品生产的区别，不懂得在社会主义条件下利用商品生产的作用的重要性。他明确指出这是不承认客观法则的表现，是不认识5亿农民的问题。在刘少奇、陈云、邓小平、谭震林、杨尚昆赶到郑州出席会议后，毛泽东向他们介绍了会议情况，并提出三个问题要大家研究：第一，什么叫从集体所有制过渡到全民所有制？什么叫从社会主义过渡到共产主义？实现这些过渡需要什么条件，要多长时间？第二，钢的指标。第三，城市人民公社如何搞？毛泽东从人民公社纷繁复杂的问题中，逐渐抓住了社会主义和共产主义、集体所有制和全民所有制及其二者之间相互关系这个本质问题，从而把纠正人民公社化运动中出现的"左"的错误，提升到理论的高度。

1958年11月9日，毛泽东还给中央、省、地、县四级党委委员写了一封《关于读书的建议》的信，建议读斯大林的《苏联社会主义经济问题》和《马克思恩格斯列宁斯大林论共产主义社会》这两本书。他要求"联系中国社会主义经济革命和经济建设去读这两本书，使自己获得一个清醒的头脑，以利指导我们伟大的经济工作。现在很多人有一大堆混乱思想，读这两本书就有可能给以澄清。有些号称马克思主义经济学家的同志，在最近几个月内，就是如此。他们在读马克思主义政治经济学的时候是马克思主义者，一临到目前经济实践中某些具体问题，他们的马克思主义就打了折扣了。现在需要读书和辩论，以期对一切同志有益"[①]。他不仅要求全党加强理论学习，而且自己亲自带头学习社会主义政治经济学。这是因为，毛泽东注意到在"大跃进"和人民公社运动中，之所以会发生如此严重的失误，和我们党的各级领导干部马克思主义水平不高、对建设社会主义思想理论准备不足，有着极大的关系。

但是，实践证明，要纠正这些错误，难度依然很大。第一次郑州会议后，党中央又开了两次会议，纠正"大跃进"运动中的问题，多次提出调整经济指标，"压缩空气"，并着手纠正人民公

---

① 《毛泽东文集》第七卷，人民出版社1999年版，第432页。

社化运动中的"共产风"和高指标错误。1959年2月27日至3月5日，党中央在郑州召开政治局扩大会议，史称"第二次郑州会议"。这次会议，着重解决人民公社内部的平均主义和过分集中两种倾向。会议决定对人民公社的管理体制进行调整，下放公社的权力，实行公社、生产大队和生产队三级所有、三级核算，并以生产队为基础，即通常所说的"三级所有、队为基础"的体制。经过全党上下共同努力，到1959年庐山会议前，"大跃进"和人民公社化运动中"左"的错误有所遏制。

可惜的是，在庐山会议提出所谓"反右倾"后，"左"的错误又发展起来。于是，1960年11月，党中央又发出《关于农村人民公社当前政策问题的紧急指示信》，要求全党用最大努力坚决纠正"共产风"。

由此可见，纠正社会主义建设中"左"的错误，是非常不容易的。一直到1961年1月召开的党的八届九中全会，决定对国民经济实行"调整、巩固、充实、提高"的八字方针，"大跃进"运动才结束，国民经济才转入新轨道。

需要指出的是，经过"大跃进"和人民公社化运动，全党对中国现代化目标的认识更加全面、更加深入。1960年3月，毛泽东指出："要安下心来，使我们可以建设我们国家现代化的工业、现代化的农业、现代化的科学文化和现代化的国防。"[①]后来，在

---

① 《毛泽东文集》第八卷，人民出版社1999年版，第162页。

1964年12月召开的第三届全国人民代表大会上,周恩来把毛泽东提出的这"四个现代化"目标写进了《政府工作报告》,向全世界宣布:"要在不太长的历史时期内,把我国建设成为一个具有现代农业、现代工业、现代国防和现代科学技术的社会主义强国,赶上和超过世界先进水平。"同时,还确定了分两步走实现"四个现代化"的战略构想,即:第一步,建立一个独立的比较完整的工业体系和国民经济体系;第二步,全面实现农业、工业、国防和科学技术的现代化,使我国经济走在世界前列。[①]

考虑到方方面面的复杂因素,我们在总结现代化在中国的选择这段历史时,还是把"大跃进"和人民公社化运动作为中国探索现代化的一次高潮、一次选择。这次选择,既不是过去那样的"学西方",也不是第一个五年计划时期的"学苏联",而是基于中国人自己急于求成的主观愿望推进的群众运动式的现代化高潮。

第三次高潮,是从党的十一届三中全会把工作中心转移到社会主义现代化建设上来,到今天中国特色社会主义进入新时代,选择的是在立足中国又学习世界现代化经验进程中开辟的中国式现代化这一强国建设、民族复兴的康庄大道。

在中国共产党领导的"主动现代化"进程中,"学苏联"虽然成就很大但水土不服,自己搞"大跃进"和人民公社化运动又急于求成、违背规律,经历了这一些之后,我们进入了既立足中

[①] 《建国以来重要文献选编》第20册,中央文献出版社2011年版,第388页。

国、又学习借鉴世界各国有益文明成果的现代化建设新时期。显然，这是一个否定之否定的历史辩证法过程。

这个既立足中国、又学习借鉴世界各国有益文明成果的现代化建设新时期，以1978年底召开的党的十一届三中全会决定把全党工作中心转移到社会主义现代化建设上来为起点，经历了"进行改革开放和社会主义现代化建设"和"开创中国特色社会主义新时代"两个历史时期。从党的十九届六中全会通过的《关于党的百年奋斗重大成就和历史经验的决议》关于这两个历史时期的论述中，我们可以看出，这两个历史时期承担着既相互联系又不相同的历史任务。在"进行改革开放和社会主义现代化建设"的历史时期，党面临的主要任务是，继续探索中国建设社会主义的正确道路，解放和发展社会生产力，使人民摆脱贫困、尽快富裕起来，为实现中华民族伟大复兴提供充满新的活力的体制保证和快速发展的物质条件。在"开创中国特色社会主义新时代"这一历史时期，党面临的主要任务是，实现中国现代化的第一个百年奋斗目标，开启实现第二个百年奋斗目标新征程，朝着实现中华民族伟大复兴的宏伟目标继续前进。也就是说，这两个历史时期各有着自己要完成的主要任务，同时又有着共同的主题、道路和目标，即：主题都是实现中华民族伟大复兴，道路都是中国特色社会主义道路，目标都是建设社会主义现代化强国。因此，考察研究现代化的中国选择，我们可以既分别考察研究这两个历史时期的现代化经验，又可以把这两个历史时期作为探索和开辟中国式现代化道路一个统一的过程来考察研究。

分别考察研究这两个历史时期的现代化经验时，我们注意到，在"进行改革开放和社会主义现代化建设"的历史时期，党领导人民从思想路线、政治路线、组织路线的选择开始，重新踏上了现代化的历史征程，开辟了中国特色社会主义道路，把一个贫穷落后的中国发展成为世界第二大经济体，并在不断深化的改革开放中摸索中国式现代化之路。在"开创中国特色社会主义新时代"这一历史时期，以习近平同志为核心的党中央面对世界范围百年未有之大变局，领导全国各族人民自觉肩负实现中华民族伟大复兴的历史使命，在推进中国特色社会主义事业全面发展的进程中，解决了许多长期想解决而没有得到解决的难题，办成了许多过去想办而没有办成的大事，推动党和国家事业发生了历史性变革，取得了改革开放和社会主义现代化建设的历史性成就。就是在这样创造性实践中，党不仅继续探索和选择用最佳的方式实现中国的现代化，而且在同世界各国现代化的比较和对中华文明的发扬光大中赋予了中国现代化全新的内涵，开辟了中国式现代化这一强国建设、民族复兴的康庄大道，创造了人类文明新形态。

把这两个历史时期作为探索和开辟中国式现代化道路一个统一的过程来考察研究，我们注意到，这两个历史时期的现代化进程，到2023年已经有45年历史。回眸党领导人民推进改革开放和社会主义现代化建设这45年历史进程，我们看到的图景，是解放思想、拨乱反正，是总结经验、开创新路，是攻坚克难、创新发展，是承前启后、与时俱进，是踔厉奋发、勇毅前行。这45年里，我们经历了一次又一次历史性的考验，作出了一次又一次历史性的选择，取得了一个又一个前所未有的辉煌成就。可以说，这两个历史时期在中华民族为实现现代化而奋斗180多年的历史上，是最辉煌的45年。这45年，相比较前四次现代化高潮，创造的现代化含金量最高，是名副其实的现代化"高潮"。在这个创造历史的伟大进程中，中国共产党做了一件彪炳史册的大事。这就是：紧紧围绕实现中华民族伟大复兴这一主题，选择和开创了"中国式现代化"这一强国建设、民族复兴的康庄大道。

在把这两个历史时期作为探索和开创中国式现代化道路统一的历史过程进行考察研究的时候，我们还可以注意到，在这短短45年时间里，中国共产党之所以能够带领全党和全国各族人民紧紧围绕中华民族伟大复兴这一主题，选择和开创"中国式现代化"这一强国建设、民族复兴的康庄大道，绝不是偶然的。这是因为，在中国共产党领导的现代化进程中，始终坚持与时俱进的指导思想，坚持坚定不移的现代化意志和科学先进的现代化理念，坚持分步推进的现代化战略，坚持协同推进的现代化布局，坚持改革开放的现代化引擎，坚持换道超车赶上时代的现代化路径，坚持充分发挥人民群众伟力的现代化根本动力，坚持从严治党的现代化净化器和根本保证。讲经验，这些都是中国现代化的重要经验，是找到和选择中国式现代化这个强国建设、民族复兴康庄大道的基本原因。

一是坚持与时俱进的指导思想。是非经过不知难。1976年10月，中央政治局执行党和人民的意志，毅然粉碎"四人帮"，结束了"文化大革命"这场内乱。与此同时，面对拨乱反正中出现的复杂情况，是按照"两个凡是"的方针去处理，还是按照实践标准去破题，这是我们面临的严峻考验。党领导和支持了真理标准问题大讨论，肯定了"实践是检验真理的唯一标准"，作出了一个重大的选择：重新确立了解放思想、实事求是的思想路线。解决这个问题的最大意义，是重新恢复了毛泽东在延安时期提出的"马克思主义中国化"，推动党在指导思想上循着这一科学轨道不断与时俱进。党的十一届六中全会完成党在指导思想上的拨乱反正后，中国改革开放的总设计师邓小平在党的十二大上石破天惊地指出："我们的现代化建设，必须从中国的实际出发。""把马克思主义的普遍真理同我国具体实际结合起来，走自己的道路，建设有中国特色的社会主义，这就是我们总结长期历史经验得出的基本结论。"[①]党的十四大提出用邓小平同志建设有中国特色社会主义的理论武装全党后，党的十五大进一步把这一理论概括为"邓小平理论"，并确立为党的指导思想写进党章。党的十六大根据国内外政治风波发生后的新情况，为把中国特色社会主义推进到21世纪，决定把"三个代表"重要思想同马列主义、毛泽东思想、邓小平理论一道确立为党的指导思想。党的十七大在总结

---

① 中共中央文献研究室编：《十二大以来重要文献选编》（上），人民出版社1986年版，第3页。

十六大以来新鲜经验的基础上,把深入贯彻落实科学发展观写进党代会报告和党章后,党的十八大进一步指出科学发展观是中国特色社会主义理论体系的重要组成部分,并把它同马列主义、毛泽东思想、邓小平理论、"三个代表"重要思想一道确立为党的指导思想。以党的十八大为标志中国特色社会主义进入新时代后,党和国家发生了一系列历史性变革,取得了一系列历史性成就。党的十八届六中全会确立习近平同志党中央的核心、全党的核心地位后,党的十九大进一步把习近平新时代中国特色社会主义思想确立为党必须长期坚持的指导思想并庄严地写入党章,实现了党的指导思想的又一次与时俱进。党的二十大在全面总结中国共产党成立一百多年来的历史经验的基础上,提出了开辟马克思主义中国化时代化新境界的崇高使命。由此可见,中国的现代化是有科学理论指导的现代化,党的指导思想与时俱进的历史既是中国现代化探索历史的反映,更是中国现代化之所以能够在攻坚克难中不断展开和深化的根本经验。改革开放以来这45年,中国之所以能够创造出现代化前所未有的历史性辉煌,从根本上说,就在于在中国现代化发展的每一个重大历史关头,中国共产党都能够自觉地以指导思想的与时俱进来推进现代化的不断发展。

二是坚持坚定不移的现代化意志和科学先进的现代化理念。由于党在粉碎"四人帮"后没有及时纠正"文化大革命"的错误理论、政策和口号,导致党的工作出现在徘徊中前进的局面。全党工作重点的选择,成为党和国家是走老路,还是闯新路的关键问题。党的十一届三中全会果断地停止使用"以阶级斗争为纲"这个不适用于社会主义社会的口号，作出了把全党的工作中心转移到社会主义现代化建设上来的战略抉择，开启了改革开放和社会主义现代化建设的新时期。对于"以阶级斗争为纲"，无论是第二个历史决议强调的"果断地停止使用"，还是第三个历史决议强调的"果断结束"，强调的都是否定性的选择。"工作中心转移"这六个字，讲的就是中国共产党选择了"以经济建设为中心"，而不是"以阶级斗争为纲"，作为中国共产党领导国家建设的政治路线。应该认识到，"以经济建设为中心"，是党领导现代化建设政治路线的主要内容，也是中国现代化建设的根本理念。这就是邓小平在后来南方谈话中强调的"发展才是硬道理"[1]，"基本路线要管一百年，动摇不得"[2]。他把这个要求归结为四个字："坚定不移"。[3]中国共产党在现代化进程中，以坚定不移的现代化意志，始终"扭住"这个"中心"、这个"硬道理"不放松，聚精会神搞建设，一心一意谋发展，推动中国经济进入了发展的快车道。与此同时，中国共产党清醒把握发展中出现的问题，有针对性地提出了以人为本、全面协调可持续发展的科学发展观。中国经济在进入21世纪的第一个10年，经济总量跃居世界第二。尤其是在中国特色社会主义进入新时代，党中央针对社会主要矛盾已经转化为人民日益增长的美

---

[1] 《邓小平文选》第三卷，人民出版社1993年版，第377页。
[2] 《邓小平文选》第三卷，人民出版社1993年版，第370—371页。
[3] 《邓小平文选》第三卷，人民出版社1993年版，第371页。

好生活需要和不平衡不充分发展之间的矛盾，提出了以人民为中心的发展思想。在这样的发展思想引领下，针对我国发展中存在的社会群体和地域之间的"不平衡不充分"问题，在精准扶贫方针下打赢了脱贫攻坚战，历史性地解决了绝对贫困问题，开启了城乡融合发展、扎实推动共同富裕的新征程；在这样的发展思想引领下，针对我国经济发展进入新常态，已由高速增长阶段转向高质量发展阶段的现实，提出了创新、协调、绿色、开放、共享的新发展理念，强调要立足新发展阶段，坚持新发展理念，构建新发展格局，推动高质量发展，而不能简单以生产总值增长率论英雄，实现创新成为第一动力、协调成为内生特点、绿色成为普遍形态、开放成为必由之路、共享成为根本目的的高质量发展。改革开放以来这45年，中国之所以能够创造出前所未有的历史性辉煌，一个极其重要的经验，就是以坚定不移的现代化意志和科学先进的现代化理念，持续推进中国现代化的快速发展。

三是坚持分步推进的现代化战略。中国的现代化是有发展战略和战略步骤的。在每一个重要的发展阶段，总是选择和确定正确的战略目标，这是中国共产党领导革命、建设和改革的重要经验。为脚踏实地推进中国的现代化，党中央在认真分析国情的基础上，在选择走中国式现代化道路之际，制定了"三步走"发展战略。这就是在20世纪80年代，首先解决人民群众的温饱问题；然后在90年代，让人民过上小康生活；以此为基础，再用50年时间，到21世纪中叶基本实现社会主义现代化。这就是分步推进中国现代化的发展战略。显然，这是一个务实的现代化发展战略。在进入21世纪之际，党领导人民实现了"三步走"发展战略的第一步、第二步目标，怎么迈向中国现代化的第三步目标，需要党作出新的抉择、新的决策。党中央经过大量调查研究，指出我国总体上已经达到小康水平，但达到的小康还是低水平的、不全面的、发展很不平衡的小康；同时，党中央强调21世纪头20年，对我国来说，是一个必须紧紧抓住并且可以大有作为的重要战略机遇期。基于这两点，党中央强调，要集中力量，全面建设惠及十几亿人口的更高水平的小康社会。在此基础上，确立了到建党100周年全面建成小康社会、到新中国成立100周年基本实现社会主义现代化的"两个一百年"奋斗目标。在即将全面建成小康社会之际，党中央再次作出决定，制定了新"两步走"发展战略，即在2035年基本实现社会主义现代化，到21世纪中叶把我国建设成为富强民主文明和谐美丽的社会主义现代化强国。改革开放以来这45年，中国之所以能够创造出前所未有的历史性辉煌，一个极其重要的经验，就是实施了分步推进中国现代化的发展战略。

四是坚持协同推进的现代化布局。中国的现代化，不仅有战略和步骤，还有布局。中国共产党在现代化进程中不断完善战略布局，确立形成了"五位一体"总体布局和"四个全面"战略布局。改革开放之初，中国共产党针对现代化进程中出现的"一切向钱看"、贪污腐败盛行等歪风邪气，以及社会上出现的一系列毒害人们特别是青少年身心健康、败坏社会风气的丑恶现象，及时提出"我们要在建设高度物质文明的同时,提高全民族的科学文化水平,发展高尚的丰富多彩的文化生活,建设高度的社会主义精神文明"[1]。党中央在制定物质文明和精神文明"两手抓、两手都要硬"方针的同时,提出了中国现代化建设的"总体布局"这一大问题,明确"我国社会主义现代化建设的总体布局是:以经济建设为中心,坚定不移地进行经济体制改革,坚定不移地进行政治体制改革,坚定不移地加强社会主义精神文明建设,并且使这几个方面互相配合,互相促进"[2]。接着,在党的十六大提出"社会更加和谐"的要求后,党的十六届四中全会进一步把社会和谐确定为中国特色社会主义的本质属性,强调"随着我国经济社会不断发展,中国特色社会主义事业总体布局更加明确地由社会主义经济建设、政治建设、文化建设三位一体的布局发展为社会主义经济建设、政治建设、文化建设、社会建设四位一体"[3]。在党的十七大把"建设生态文明"列入"全面小康"的要求后,党的十八大进一步把总体布局拓展为经济建设、政治建设、文化建设、社会建设和生态文明建设"五位一体"布局。正如习近平总书记指出的:"这是我们党对社会主义建设规律在实践和认识上不断深化的重要成果。"[4]特别是习近平总书记提出的"绿水青山就

---

[1] 《邓小平文选》第二卷,人民出版社1983年版,第208页。
[2] 中共中央文献研究室编:《十二大以来重要文献选编》(下),人民出版社1986年版,第1173—1174页。
[3] 《胡锦涛文选》第二卷,人民出版社2016年版,第274页。
[4] 《习近平谈治国理政》第一卷,外文出版社2018年版,第11页。

是金山银山"理念深入人心，从雾霾污染治理开始，到江河山水治理以及垃圾分类等，生态文明建设取得明显成效。从城市到乡村，每一个中国人都目睹周边生活环境的改变，享受到天朗气清的美好生活。在新时代，以习近平同志为核心的党中央在强调统筹推进"五位一体"总体布局的同时，又提出要协调推进"四个全面"战略布局，提高党把方向、谋大局、定政策、促改革的能力和定力，确保党始终总揽全局、协调各方。改革开放以来这45年，中国之所以能够创造出前所未有的历史性辉煌，一个极其重要的经验，就是始终坚持协同推进的现代化布局。

五是坚持改革开放的现代化引擎。在党把工作中心转移到社会主义现代化建设上来的同时，就认识到只有社会主义才能救中国，只有改革开放才能发展中国。作为改革开放总设计师的邓小平，对内大力推进改革，对外主动推进开放，把改革开放作为推进现代化建设的强大引擎和直接动力。党的十三届三中全会解放思想，转变观念，提出要建立"社会主义商品经济"。党的十四大进一步突破了"一说市场经济就是资本主义"的思想束缚，选择以建立社会主义市场经济体制为中国经济体制改革的目标。相应地，决定改变单一公有制经济和单一按劳分配制度，选择公有制为主体、多种所有制经济共同发展的基本经济制度和按劳分配为主体、多种分配方式并存的分配制度；决定推进政治体制改革，发展社会主义民主政治，建设社会主义法治国家；决定正确对待改革开放中出现的新的社会阶层，正确处理民族和宗教问题，巩固和发展最广泛的爱国统一战线。与此同时,党和政府从改革开放一开始,就根据大变动时代出现的和平与发展这一时代主题,抓住难得的发展机遇,把对外开放作为基本国策。进入20世纪和21世纪的世纪之交,面对世界经济发展的新态势,进一步把"引进来"和"走出去"紧密结合起来,在世界范围"全球化"和"反全球化"两大对立的思潮中,经过慎重考虑,选择了参与经济全球化。尤其是中国特色社会主义进入新时代后,以习近平同志为核心的党中央抱着"啃硬骨头""涉险滩"的决心和意志,制定了全面深化改革和全面依法治国的纲领包括总目标、路线图。在坚持和完善中国特色社会主义制度、推进国家治理体系和治理能力现代化进程中,有效破除各方面体制机制弊端,党和国家事业焕发出新的生机活力。与此同时,我们还把构建人类命运共同体的宏大理念付诸实施,和世界各国共同推进"一带一路"建设,推动贸易和投资自由化便利化,形成更大范围、更宽领域、更深层次对外开放格局,构建互利共赢、多元平衡、安全高效的开放型经济体系,不断增强我国国际经济合作和竞争新优势。改革开放以来这45年,中国之所以能够创造出前所未有的历史性辉煌,一个极其重要的经验,就是始终坚持以改革开放这一现代化的引擎和直接动力持续推进现代化建设。

六是坚持换道超车赶上时代的现代化路径。中国共产党清醒地意识到,作为后发现代化国家,中国不能跟在人家后面亦步亦趋,而要另辟蹊径,赶上时代,直至引领时代。党的十一届三中全会召开之前，邓小平就已经注意到"现代科学技术正在经历着一场伟大的革命"①。他强调："我们要以世界先进的科学技术成果作为我们发展的起点。"②党中央和国务院决定实施科教兴国战略，把经济建设转移到依靠科技进步和提高劳动者素质的轨道上来，加速实现现代化。特别是20世纪90年代，党中央敏锐地注意到"以信息技术为主要标志的高新技术革命来势迅猛，高科技向现实生产力的转化越来越快，高新技术产业在整个经济中的比重不断增加"③，在制订第十个五年计划的时候，明确提出："以信息化带动工业化，发挥后发优势，实现社会生产力的跨越式发展。"④致力于把原来在工业化道路上的弯道超车，转换为信息化和工业化相结合的换道超车。就是在这样的战略思想引领下，信息化和网络化在中国迅速发展起来，发挥了信息化驱动的引领作用。在中国特色社会主义进入新时代后，面对信息化、网络化、数字化、智能化迅猛发展新态势，特别是伴随着数字化和智能化的兴起，党中央、国务院印发了数字中国建设整体布局规划，提出了网络强国的重要思想。为打赢信息领域关键技术攻坚战，我们充分发挥新型举国体制优势，加大了自主创新的力度。为加大依法治网力度，统筹发展和安全，我们形成了

---

① 《邓小平文选》第二卷，人民出版社1983年版，第87页。
② 《邓小平文选》第二卷，人民出版社1983年版，第129页。
③ 中共中央文献研究室编：《江泽民论有中国特色社会主义（专题摘编）》，中央文献出版社2002年版，第233页。
④ 中共中央文献研究室编：《十五大以来重要文献选编》（中），中央文献出版社2011年版，第1371页。

中国特色治网之道。为构建网上网下同心圆，我们推进了媒体深度融合。由于党中央高度重视数字化转型和网络安全，全面推进数字经济、数字社会、数字政府的发展，中国正在从网络大国向网络强国迈进。改革开放以来这45年，中国之所以能够创造出前所未有的历史性辉煌，一个极其重要的经验，就是始终坚持创新在我国现代化建设全局中的核心地位，实施科教兴国战略、人才强国战略、创新驱动发展战略，增强自主创新能力，通过换道超车的现代化路径，在赶超时代中推进现代化建设。

七是坚持充分发挥人民群众伟力的现代化根本动力。中国共产党不仅是中国工人阶级的先锋队，同时也是中国人民和中华民族的先锋队，始终不渝坚持为中国人民谋幸福、为中华民族谋复兴的初心使命，无论是领导改革开放，还是推进现代化建设，一切的一切，都是为了中国人民、为了中华民族。也正因为如此，中国共产党在推进改革开放和社会主义现代化建设进程中，始终紧紧依靠人民群众，充分发挥亿万人民的创造伟力。我们记忆犹新，这45年的第一场改革是农村改革，我们实行家庭联产承包责任制，调动了8亿农民的积极性。在农村改革成功后，改革从农村转向城市，从经济体制改革深入到政治体制改革、文化体制改革、教育体制改革和社会各领域改革，取得了明显的成效。改革之所以能够处处见效，就在于调动了人民群众的积极性、主动性和创造性。中国特色社会主义进入新时代之初，习近平总书记指出："人民对美好生活的向往，就是我们的奋斗目标。"①党的十八大以来，无论是持续推进反腐败斗争，还是深入开展群众路线教育实践活动等主题教育，无论是大力推进高质量发展，还是积极发展全过程人民民主，贯穿始终的是"两个一切"："一切为了人民，一切依靠人民。"正如党的二十大报告深刻指出的："全面建设社会主义现代化国家，必须充分发挥亿万人民的创造伟力。"②改革开放以来这45年，中国之所以能够创造出前所未有的历史性辉煌，一个极其重要的经验，就是坚持把充分发挥人民群众的伟力作为现代化的根本动力，坚持在党和人民团结奋斗中推进现代化。

八是坚持全面从严治党的现代化净化器和根本保证。中国的现代化有一个强有力的政治保证，这就是：党的全面领导。这也是中国的现代化区别于其他国家的现代化的显著标志。与此同时，中国共产党清醒地认识到，中国共产党作为在中国长期执政的马克思主义政党，面临的挑战和风险是巨大的。改革开放以来，中国共产党一方面始终坚持加强党的领导，另一方面始终强调要完善党的领导，坚持党要管党、从严治党，推动党的自我净化、自我完善、自我革新、自我提高。回顾历史，改革开放之初提出的四项基本原则，就已经强调核心是坚持党的领导，要加强和完善党的领导。党中央在国内外政治风波发生后提出的"三个代表"

---

① 《习近平谈治国理政》第一卷，外文出版社2018年版，第4页。
② 习近平：《高举中国特色社会主义伟大旗帜 为全面建设社会主义现代化国家而团结奋斗——在中国共产党第二十次全国代表大会上的报告》，人民出版社2022年版，第70页。

重要思想，直面执政党建设面临的新情况新问题，努力增强党的阶级基础，扩大党的群众基础，提高党的社会影响力。进入21世纪后，又为加强党的执政能力建设专门作出决议。尤其是在中国特色社会主义进入新时代后，党中央注意到党内存在的对坚持党的领导认识模糊、行动乏力和由此带来的党的领导弱化、虚化、淡化、边缘化，造成对党中央重大决策部署执行不力，搞上有政策、下有对策，甚至口是心非、擅自行动等问题；注意到干部队伍内腐败现象滋生蔓延，形式主义、官僚主义、享乐主义和奢靡之风盛行等问题；注意到这些问题严重影响了党群关系、干群关系，动摇了党的执政基础。以习近平同志为核心的党中央以上率下，身体力行，把反腐败斗争和惩治"四风"结合起来，把思想建党和制度治党结合起来，一体推进不敢腐、不能腐、不想腐。在全面从严治党进程中，在从根本上扭转党风的基础上，党中央又总结历史经验，提出了"勇于自我革命"的要求，强调这是跳出治乱兴衰历史周期率的"第二个答案"。全面从严治党的一系列举措，为实现现代化提供了根本性的政治保证。改革开放以来这45年，中国之所以能够创造出前所未有的历史性辉煌，一个极其重要的经验，就是坚持党的全面领导，把全面从严治党作为现代化建设的净化器，从而从根本上保证了现代化的顺利推进。

正是因为中国共产党这45年的现代化努力，有正确的指导思想、坚定的意志和科学的理念，有切合实际的战略步骤、布局，有推动现代化跨越式发展的引擎、路径，有实现现代化的根本动力、净化器和根本保证,所以,这45年的现代化高潮,相比较前四次现代化高潮,创造的是现代化含金量最高的、名副其实的现代化"高潮"。这次"高潮",不仅推进了中国的现代化建设,而且拓展了中国式现代化新道路。也就是说,党的十一届三中全会以来这40多年,中国共产党不仅探索和选择用最佳的方式在中国特色社会主义道路上实现中国的现代化,而且在同世界各国现代化的比较和对中华文明的发扬光大中赋予了中国现代化全新的内涵,开创了中国式现代化这一强国建设、民族复兴的康庄大道,创造了这一人类文明新形态。

现在,我们可以对中华民族180多年现代化求索的历史做一个简要的总结了。历史告诉我们,"实现中国式现代化"和"实现中华民族伟大复兴"在中国是一体两面的事情。中华民族伟大复兴取决于中国式现代化的实现,中国式现代化才能全面推进中华民族伟大复兴。更重要的是,历史告诉我们,鸦片战争以来,中华民族从被动现代化到主动现代化的漫长实践,证明了学西方屡屡失败、学苏联也不完全成功、急于求成的群众运动式现代化欲速不达。经过这一系列尝试和挫折后,终于认识到中国的现代化既要学习和借鉴人类社会创造的一切文明成果,更要立足中国国情,走自己的路,推进中国式现代化。这里讲的"终于认识",就是历史的选择、历史的结论。

第二章

历史逻辑：中国式现代化是强国建设、民族复兴的唯一正确道路须知，现代化的中国选择，不仅选择了中国式现代化，而且选择的是一条能够确保中国实现现代化的唯一正确的道路。我们都知道，"道路问题直接关系党和人民事业兴衰成败"[①]。现代化在中国的选择，最重要的，就是道路的选择。中华民族180多年来为现代化而奋斗的历史，是历经坎坷、不懈奋斗的历史。最值得历史记录和欣慰的是，由于中国共产党人矢志不渝、坚持不懈的奋斗，中华民族才得以越挫越勇、攻坚克难，在长期探索和选择中，找到了"中国式现代化"这条习近平总书记深刻指出的"强国建设、民族复兴的唯一正确道路"[②]。我们可以自豪地说，找到这条道路，是新时代中国共产党人为中华民族做出的巨大历史性贡献。

[①] 习近平：《在纪念中国人民抗日战争暨世界反法西斯战争胜利75周年座谈会上的讲话（2020年9月3日）》，《人民日报》2020年9月4日。

[②] 习近平：《中国式现代化是强国建设、民族复兴的康庄大道》，《求是》2023年第16期，第8页。

第一节　道路选择正确与否关乎民族复兴前途命运

"方向决定道路，道路决定命运。"[1]这是习近平总书记反复强调的一条真理。我们为什么那么重视道路问题，就是因为这个问题关系到中华民族能否实现伟大复兴的"中国梦"。正如习近平总书记在庆祝中国共产党成立100周年大会上深刻指出的："一百年来，中国共产党团结带领中国人民进行的一切奋斗、一切牺牲、一切创造，归结起来就是一个主题：实现中华民族伟大复兴。"[2]"民族复兴"这四个字，和"奋斗""牺牲""创造"联结在一起，可见其来之不易。不易的付出，不一定能够获得不易的成

---

[1] 习近平：《在庆祝中国共产党成立100周年大会上的讲话（2021年7月1日）》，《人民日报》2021年7月2日。

[2] 习近平：《在庆祝中国共产党成立100周年大会上的讲话（2021年7月1日）》，《人民日报》2021年7月2日。

果；不易的付出能够获得不易的成果，是非常不易的。历史告诉我们，对于一个政党和国家来说，不易的付出，要能够获得不易的成果，关键在于能够在探索中找到正确的道路。正是在这个意义上，我们说道路的选择关乎民族复兴的命运。

道路的选择，不仅重要，而且艰难。汉字"道路"，是由"道"和"路"两个字合成的，而不是两个同义词的简单叠加。"道"和"路"在汉字中可以看作是同义词，但博大精深的中国文化告诉我们，"道"不只具有"路"的意思，还具有"规律"的含义。正如古人所说的："道可道，非常道。"[①]中国共产党在领导革命、建设和改革的历史过程中，探索的"道路"是合"道"之路，即合乎"规律"之路。毛泽东之所以把"实事求是"解释为在"实事"中"求是"（研究客观事物内部的规律性），而不是按照这个词的本意解释为"是就是是，不是就是不是"，就是要求共产党人面对纷繁复杂而又不断变化的世界，要敢于和善于从客观事物的实际情况出发，去研究事物内部的规律性，作为我们行动的向导。在领导中国革命中，毛泽东强调"实事求是"，最重要的，就是要我们在革命中探寻合"道"之路、合乎"规律"之路。显然，道路的探寻和选择不是一件容易的事情。历史告诉我们，只有付出巨大努力，包括奋斗、牺牲、挫折甚至失败，我们才能找到合乎规律的光明之路、胜利之路。

① 出自《老子》第一部分。

在中国共产党人为民族复兴而艰辛奋斗的历史上,之所以能够获得"来之不易"的巨大历史性成就,得益于用"实事求是"思想路线武装起来的中国共产党人,在历史的重大发展阶段或重大转折关头,找到了正确的道路:在半殖民地半封建的中国找到的新民主主义革命道路,即贯穿新民主主义革命总路线的"农村包围城市"的革命道路;在新民主主义到社会主义的过渡时期找到的社会主义改造道路,即"一化三改造"总路线指引的社会主义改造道路;在改革开放和社会主义现代化建设新时期找到的社会主义发展道路,即贯穿"一个中心、两个基本点"基本路线的中国特色社会主义道路;在全面建设社会主义现代化国家进程中找到的社会主义现代化道路,即"中国式现代化道路"。顺便说一下,邓小平在提出要"走出一条中国式的现代化道路"时,就是把这条道路和"农村包围城市"道路放在一起提的。他的原话是:"过去搞民主革命,要适合中国情况,走毛泽东同志开辟的农村包围城市的道路。现在搞建设,也要适合中国情况,走出一条中国式的现代化道路。"[①]

对于道路问题的决定性意义,我们只要看一看中国革命、建设和改革的历史就可以明白。在中国特色社会主义进入新时代之前,正是我们在实践中艰辛探索并选择的"农村包围城市"这一独特的中国革命道路、符合中国国情的社会主义改造道路和中国

---

① 《邓小平文选》第二卷,人民出版社1994年版,第163页。

特色社会主义道路，从根本上改变了中国的命运，不仅决定了灾难深重的中国实现了民族独立和人民解放，而且决定了贫穷落后的中国走上了国家富强和人民幸福的坦途。

中国革命之所以能够在中国这样一个半殖民地半封建的东方大国赢得伟大胜利，就是因为以毛泽东同志为主要代表的中国共产党人在无产阶级领导的，人民大众的反对帝国主义、封建主义、官僚资本主义的新民主主义革命中，找到了"农村包围城市"这条独特的革命道路。在1927年大革命失败以后，党的工作中心经历了从领导民众运动到领导武装斗争、从领导以城市为中心的武装斗争到"上山"开展农村武装斗争、从农村武装斗争到在农村实行"工农武装割据"这样三次转变。每一次转变，都是在客观形势发生急剧变动的时候作出的选择。正是在这样一次又一次急剧的变动和选择中，我们党深化了对中国国情的认识，深化了对中国革命规律的认识，最终开辟了"农村包围城市"这条中国独特的革命道路。这条道路，是在党同主观主义特别是教条主义的斗争中找到的。也就是说，在中国革命道路上，以毛泽东同志为主要代表的中国共产党人选择了"工农武装割据"，而"左"倾教条主义者则反对这一选择，指责"乡村包围城市"的做法是"农民意识""幻想"，他们主张中国革命还是要走十月革命那样的中心城市武装起义的道路。但是，全党还是选择了毛泽东创造性地开辟的"农村包围城市"这条独特的革命道路，并最终赢得了革命在中国的胜利。毛泽东之所以能够找到这条独特的革命道路，全党之所以选择毛泽东开辟的这条革命道路，不是偶然的。这是因为：1.半殖民地半封建的近代中国内无民主制度、外无民族独立，只能以武装的革命反对武装的反革命；2.在中国社会各个阶级中农民占全国人口的绝大多数，并受到和帝国主义勾结的封建地主阶级沉重的剥削和压迫，可成为无产阶级可靠的同盟军；3.半殖民地半封建的中国是多个帝国主义国家瓜分并由它们支持的多个军阀割据的国家，具有建立革命根据地的缝隙和可能；4.中国是一个大国，又是一个政治经济发展极端不平衡的国家，"东方不亮西方亮，黑了南方有北方"，中国共产党在农村领导革命有回旋的余地。这四点，正是毛泽东对中国这个"实事"所作出的科学分析。从中国这个"实事"中所揭示的内在的"是"（规律性），就是"农村包围城市"。因此，我们说"农村包围城市"是合"道"之路。坚持"实事求是"的毛泽东，在开辟这一独特的中国革命道路问题上对中国革命和中华民族伟大复兴所做出的杰出贡献，已经写进党的六届七中全会、十一届六中全会和十九届六中全会通过的历史决议，彪炳史册。中国共产党人也由此懂得了"道路决定命运"这一深刻道理。

中国之所以能够在新民主主义革命胜利后短短七年时间里，就基本完成对生产资料私有制的社会主义改造，建立起了社会主义基本制度，就是因为中国共产党人在过渡时期"一化三改造"的总路线指引下，找到了符合中国国情的社会主义改造道路。党的七届二中全会明确提出中国革命在全国范围胜利并解决了土地问题以后有两大任务：一是把落后的农业国转变为先进的工业国，二是把新民主主义转变为社会主义。这两大任务，对于实现中华民族伟大复兴，意义非同寻常。但是，怎样实现这样宏大的目标，还要靠实践来回答和选择。最初，毛泽东和党中央曾经考虑，先完成工业化，再进行社会主义改造。用10年至15年时间，发展工业生产，建设新民主主义经济，然后再实行工业国有化和农业集体化。但是，想不到的是，新中国成立后，在三年国民经济恢复时期，出现了许多新情况：一是在没收官僚资本后，壮大了国营经济。二是在企业内部的生产改革和民主改革后，极大地发挥了工人群众当家作主的积极性。三是经过"三反""五反"运动，打击了不法资本家，人民群众对社会主义的向往大大增强。四是在调整工商业政策下，通过扩大加工订货、统购包销、委托经销代销、公私合营等方式，在促进私营工商业发展的同时，涌现了一批新式的国家资本主义经济即具有许多社会主义因素的国家资本主义经济；农村土地改革完成后，由于个体农民无法摆脱贫穷落后问题，已经有40%的农户自愿走上了互助合作道路。诸如此类新情况，意味着中国经济中的社会主义因素大大增加了，这一切引起了毛泽东和党中央的重视。面对这一新形势新情况，是坚持"巩固新民主主义秩序"，还是把新民主主义社会过渡到社会主义社会？毛泽东和党中央改变原来的设想，考虑提前向社会主义社会过渡，这也是一个历史性的选择。

这个选择和决策，也是不容易的。毛泽东从1952年9月提出这个考虑后，反复征求各地领导同志的意见。经过多方听取意见，形成了四个重要思想：一是"新民主主义社会"就是"过渡时期"，而不是等到新民主主义社会巩固后再开始向社会主义社会过渡；二是"工业化"可以和"社会主义改造"同时并进，而不是先搞工业化再进行社会主义改造；三是"对农业和手工业的社会主义改造"可以和"对资本主义工商业的社会主义改造"同时并进，而不是先改造资本主义工商业再改造属于小生产经济的农业和手工业，或先改造个体农业和手工业再改造资本主义工商业；四是过渡到社会主义的时间要比原来的设想提前，但要"逐步"推进。1953年底，中共中央宣传部起草了《为动员一切力量把我国建设成为一个伟大的社会主义国家而奋斗——关于党在过渡时期总路线的学习和宣传提纲》。毛泽东在审阅修改提纲时，将党在过渡时期总路线完整地表述为："从中华人民共和国成立，到社会主义改造基本完成，这是一个过渡时期。党在这个过渡时期的总路线和总任务，是要在一个相当长的时期内，逐步实现国家的社会主义工业化，并逐步实现国家对农业、对手工业和对资本主义工商业的社会主义改造。这条总路线是照耀我们各项工作的灯塔，各项工作离开它，就要犯右倾或'左'倾的错误。"[①]这条总路线提出的"一化三改造"，不仅是我国顺利推进工业化和社会主义改造的"灯塔"，而且是符合我国国情的社会主义改造道路的主要内容。

---

① 《毛泽东文集》第六卷，人民出版社1999年版，第316页。

从上述历史的简要回顾中，我们可以看到，毛泽东和党中央作出这样的选择，不仅有客观依据，而且是十分谨慎的。但是，原来毛泽东设想的经过"一个相当长的时期"完成社会主义改造，实际上只用了七年时间。由于速度加快出现的一些问题，成为后人议论的话题。《关于建国以来党的若干历史问题决议》认为，之所以会提前那么多的时间，除了客观形势发展迅速外，确实在工作中也存在一些问题。我们不能因此否定社会主义改造的成就，尤其不能否定我国社会主义改造道路的正确性。从总体来讲，在"一化三改造"总路线指引下的社会主义改造是成功的，我国的社会主义改造道路是正确的。正由于我们找到了这条道路，才得以在中国建立了社会主义基本制度。

有人认为，如果按照原来的时间表来完成社会主义改造，或者再多搞几年新民主主义，就更好了。且不说历史就是历史，是不能用"如果"来假设的，真的按照这样的"如果"来推进社会主义改造，我们就会遇到苏共二十大以后世界范围出现的反共高潮，在那种国际形势下我们要进行社会主义改造一定会很难很难。

中国之所以能够在改革开放和社会主义现代化新时期不断解放和发展社会生产力，使人民迅速摆脱贫困、尽快富裕起来，为实现中华民族伟大复兴提供充满新的活力的体制保证和快速发展的物质条件，就是因为中国共产党人在现代化建设中形成了"一个中心、两个基本点"的基本路线，开辟了中国特色社会主义道路。毋庸讳言，在社会主义建设时期，我们在中国社会主义现代化建设道路问题上，也发生过选择的失误。本来，在1956年4月，毛泽东经过调查研究发表的《论十大关系》，已经为探索符合中国实际的社会主义现代化建设道路，指出了正确的方向。但后来一波三折，先是发动了"大跃进"和人民公社化运动，急于求成，违背经济和社会发展规律，犯了"左"的错误；后来在纠正这一错误，实行"调整、巩固、充实、提高"的八字方针，国民经济转入调整轨道，扭转了国民经济困难的局面；但就在这个时候，党又提出了"以阶级斗争为纲"为主要内容的基本路线，最后导致爆发"文化大革命"。1976年10月，中央政治局执行党和人民意志，一举粉碎"四人帮"，"文化大革命"结束。但可惜的是，党和国家又出现了在徘徊中前进的复杂状况。因为，在结束"文化大革命"后，是继续坚持"以阶级斗争为纲"还是建设社会主义现代化国家；与此相联系，是坚持"两个凡是"还是坚持实事求是的思想路线，这样重大的选择问题尖锐地摆在全党全国人民面前。党的十一届三中全会作出了正确的选择：重新确立解放思想、实事求是的思想路线，果断停止使用"以阶级斗争为纲"，把党和国家的工作中心转移到社会主义现代化建设上来。

正是这一历史性的选择、历史性的决策，在全党工作中心战略转移中，开启了改革开放和社会主义现代化建设的伟大征程，开辟了中国特色社会主义道路。众所周知，在中国特色社会主义道路上，中国实施改革开放政策，经济进入迅猛发展的快车道。粮食产量由1978年的30477万吨，增加到2012年的61223万吨；

农林牧渔业总产值由1978年的1397亿元，上升到2012年的86342亿元。2012年的工业增加值比1978年实际增长38.2倍。特别是我国产业结构发生显著变化，从依赖单一产业为主转向一、二、三产业共同带动。1978年，我国第一、二、三产业比重分别为27.7%、47.7%和24.6%；到2012年，第三产业比重达到45.5%，首次超过第二产业，成为国民经济第一大产业。我国财政实力也大幅增长，1978年是1132亿元，1999年全国财政收入首次突破1万亿元，2012年达到11.7254万亿元。世界上许多人都没有想到，中国经济总量会在2010年超过日本，成为世界第二大经济体。1978年，我国国内生产总值为3679亿元，占世界经济的比重为1.8%，居全球第11位。改革开放起步后，到1986年经济总量突破1万亿元；2000年进一步突破10万亿元大关，超过意大利成为世界第六大经济体；2010年达到41.2119万亿元，超过日本成为世界第二大经济体，并稳居世界第二。与此同时，1980年4月和5月，我国先后恢复了在国际货币基金组织和世界银行中的合法席位；2001年又加入世界贸易组织，全面参与经济全球化。难能可贵的是，这些经济发展成果都惠及十几亿人民群众。中国人民不会忘记，在短缺经济时期人们日常生活离不开的包括粮票、布票、油票等就是在20世纪90年代后作为历史文物进入博物馆的。中国人民也不会忘记，农村改革和扶贫开发也是在改革开放后开始的。按照2010年标准，1978年末我国农村贫困人口达7.7亿人，农村贫困发生率高达97.5%；到2012年末我国农村贫困人口下降至9899万人,农村贫困发生率也降至10.2%。这一切令人目不暇接的巨大变化,都发生在改革开放后的1978年至2012年。这样的巨大变化,是从哪里来的?中国人民常说这样一句话:"天还是那样的天,地还是那样的地,人还是那样的人,改革开放以来的幸福生活是中国特色社会主义带给我们的。"正如习近平总书记所强调的:"面向未来,我们必须坚持走自己的路。方向决定道路,道路决定命运。我们自己的路,就是中国特色社会主义道路。这条道路,是中国共产党带领中国人民历经千辛万苦、付出巨大代价开辟出来的,是被实践证明了的符合中国国情、适合时代发展要求的正确道路。"[1]

综上所述,中国共产党之所以能够在革命、建设和改革的各个历史时期,带领人民赢得一个又一个来之不易的历史性成就,就在于中国共产党人是用"实事求是"思想路线武装起来的,能够在历史的重大发展阶段或重大转折关头,找到正确的道路。不仅如此,我们就是从这样生动的实践中,认识到了道路的选择正确与否,关乎中华民族伟大复兴的历史命运。

---

[1] 习近平:《在庆祝中华人民共和国成立65周年招待会上的讲话(2014年9月30日)》,《人民日报》2014年10月1日。

第二节　中国式现代化是强国建设、民族复兴的康庄大道

人们常说："条条大路通罗马。"说的就是"通罗马"的"大路"不只有一条。在实现现代化的进程中也是如此，每个国家都有权选择最符合自己国情的现代化道路。需要指出的是，"道路"也有层次性。中国共产党人探索的现代化道路，从其根本发展方向来考察，选择的是非资本主义的"社会主义现代化道路"；从其自身特点和本质要求来考察，选择的是非西方化的"中国式现代化道路"。

党的十八大以来，中国特色社会主义进入新时代。从党的十八大到二十大，被人们称为"伟大变革"的十年。党的十九届六中全会通过的历史决议，从坚持党的全面领导、全面从严治党、经济建设、全面深化改革、政治建设、全面依法

治国、文化建设、社会建设、生态文明建设、国防和军队建设、维护国家安全、坚持"一国两制"和推进祖国统一、外交工作等十三个方面，对新时代这十年所解决的问题、所做的工作、所取得的成就，作了全面总结。正如党的二十大报告指出的，这十年，我国经济实力实现历史性跃升，国内生产总值从54万亿元增长到114万亿元，我国经济总量占世界经济的比重达18.5%，提高7.2%，稳居世界第二位；人均国内生产总值从3.98万元增加到8.1万元。谷物总产量稳居世界首位，制造业规模、外汇储备稳居世界第一。一些关键核心技术实现突破，战略性新兴产业发展壮大，载人航天、探月探火、深海深地探测、超级计算机、卫星导航、量子信息、核电技术、大飞机制造、生物医药等取得重大成果，进入创新型国家行列。总之，这十年是我国经济发展平衡性、协调性、可持续性明显增强的十年，是我国国家经济实力、科技实力、综合国力跃上新台阶的十年，是我国经济迈上更高质量、更有效率、更加公平、更可持续、更为安全的发展之路的十年。

又是一个"事非经过不知难"。新时代这十年又是经受一个又一个严峻挑战的十年。回眸新时代十年我们的奋斗历程，我们遭遇的风险挑战风高浪急，有时甚至是惊涛骇浪，各种风险挑战接踵而至，其复杂性严峻性前所未有。但是，我们坚定信心、迎难而上，一仗接着一仗打，在党和人民团结奋斗中战胜了各种挑战和风险。

"一仗接着一仗打。"①这是习近平总书记说过的。屈指算来，到党的二十大前，我们至少打了10个大仗。

一是持续推进反腐败斗争。2012年11月17日，在十八届中央政治局第一次集体学习时，习近平总书记指出："近年来我们党内发生的严重违纪违法案件，性质非常恶劣，政治影响极坏，令人触目惊心。"②习近平总书记以"得罪千百人、不负十四亿"的使命担当，刀刃向内，刮骨疗毒，坚定不移开展反腐败斗争。到党的二十大召开前，经过这十年反腐败斗争，不论查处违纪违法党员干部人数之多、级别之高、行动密度之大，还是涉及领域之宽、挖掘问题之深刻，都是前所未有的。反腐败斗争取得压倒性胜利并不断巩固。反腐败斗争的一系列举措进一步改善了党群关系和干群关系，凝聚了党心和民心，巩固了党的执政基础。

二是反对形式主义、官僚主义、享乐主义和奢靡之风，以及特权思想和特权现象。十年前，"四风"盛行，特权思想和特权现象较为普遍存在。"四风"虽然不等于腐败，但"四风"和特权思想、特权现象正是以以权谋私为特征的腐败之基础或土壤。党的十八大以来，中央政治局带头，制定了八项规定，身体力行，率先垂范，正风肃纪。领导全党把思想建党和制度治党紧密结合起来，正本清源、固本培元。同时，大力扭转"四风"，坚决取消

---

① 《高举中国特色社会主义伟大旗帜奋力谱写全面建设社会主义现代化国家崭新篇章》，《人民日报》2022年7月28日。

② 习近平：《对腐败分子，不能养痈遗患》，《新京报》2014年8月9日。

特权。这十年，在同"四风"斗争中被立案审查的中管干部553人，处分厅局级干部2.5万多人、县处级干部18.2万多人，查处违反中央八项规定精神问题76.1万多件。同时，从上到下规范了干部住房、办公用房、公车使用等制度。

三是打响全面深化改革攻坚战。党的十八大闭幕后，习近平总书记就到改革开放前沿广东视察，强调我国改革已经进入攻坚期和深水区，必须以更大的政治勇气和智慧，不失时机深化重要领域改革。他把改革的方向瞄准了国家制度和治理体系这一最根本的问题。党的十八届三中全会把完善和发展中国特色社会主义制度、推进国家治理体系和治理能力现代化确定为全面深化改革的总目标，党的十八届四中全会又确定了建立中国特色社会主义法治体系、建设社会主义法治国家的全面推进依法治国的总目标。按照全面深化改革的总目标和路线图，党的十九届三中全会通过了《中共中央关于深化党和国家机构改革的决定》和《深化党和国家机构改革方案》，并同意把《深化党和国家机构改革方案》的部分内容按照法定程序提交十三届全国人大一次会议审议。2018年3月17日，十三届全国人大一次会议批准了国务院机构改革方案。3月28日，习近平总书记在中央全面深化改革委员会第一次会议上强调，深化党和国家机构改革全面启动，标志着全面深化改革进入了一个新阶段。同时，他指出要加强和改善对全面深化改革统筹领导，紧密结合深化机构改革推动改革工作。党的十九届四中全会进一步制定了《中共中央关于坚持和完善中国特色社会主义制度、推进国家治理体系和治理能力现代化若干重大问题的决定》，提出了推进国家治理体系和治理能力现代化的总体目标。

四是打赢脱贫攻坚战。贫困，是中国数千年的顽疾。让中国人民富起来，实现共同富裕，是由中国共产党的性质和初心使命决定的。改革开放一开始，中国共产党就把解决温饱问题、奔小康确立为奋斗目标；进入21世纪，又提出全面小康任务，实施开发式扶贫行动计划等一系列举措。党的十八大确定全面建成小康社会任务后，习近平总书记提出"全面小康，一个不落"。2013年又提出"精准扶贫"。经过这十年矢志不渝奋斗，到建党100周年，全国832个贫困县全部摘帽、12.8万个贫困村全部出列，近1亿农村贫困人口实现脱贫，提前十年实现联合国2030年可持续发展议程减贫目标。我们庄严宣告在中华大地全面建成了小康社会、历史性地解决了绝对贫困问题。现在，我们正在这一新的起点上，实施乡村振兴战略，扎实推动共同富裕。

五是向雾霾和污染开战。在人类现代化历史上，和工业化相联系的，是空气、水、土壤的污染问题。2013年，中国遭遇史上最严重的雾霾天气，波及25个省份、100多个大中城市，全国平均雾霾天数达29.9天。党中央发出了加强生态文明建设的号召，国务院实施了《大气污染防治行动计划》《打赢蓝天保卫战三年行动计划》。这十年，我们全面排查整治"散乱污"企业、淘汰化解钢铁落后产能2.55亿吨，全国8.9亿千瓦煤电机组达到超低排放水平，占煤电总装机量的86%。同时，加强了"车、油、路"统筹，累计淘汰黄标车和老旧车2700多万辆，新能源公交车辆大幅增长，治理雾霾和污染成效显著。

六是开展扫黑除恶专项斗争。党的十九大后，针对一些地方和基层危害群众生命财产、破坏社会治安的黑恶势力，中共中央、国务院发出《关于扫黑除恶专项斗争的通知》。到2020年12月底，全国打掉涉黑组织3644个、涉黑犯罪集团11675个，大得人心。2021年3月29日召开的全国扫黑除恶专项斗争总结表彰大会，强调要常态化推进扫黑除恶斗争。

七是应对中美经贸摩擦。面对国际局势急剧变化，我们保持战略定力，发扬斗争精神，在斗争中维护国家尊严和核心利益，牢牢掌握了我国发展和安全主动权。特别是针对美国政府单方面挑起的中美经贸摩擦，我们不得不采取中止关税减让义务、加征关税等反制措施，并在相互尊重、平等互利的原则基础上进行协商，坚决捍卫国家和人民利益。

八是香港止暴制乱。面对香港局势动荡变化，针对香港爆发的"修例风波"，以习近平同志为核心的党中央审时度势、果断决策，坚定支持香港特别行政区行政长官和政府及警队采取一系列举措，依法打击和惩治暴力犯罪活动，止暴制乱，恢复秩序。我们依照宪法和基本法有效实施对特别行政区的全面管治权，落实"爱国者治港"原则，香港局势实现由乱到治的重大转折。

九是在台海问题上开展反分裂、反干涉斗争。针对美国国会众议院议长不顾中方强烈反对和严正交涉窜访中国台湾地区，中国外交部、全国人大常委会发言人、中共中央台办、全国政协外事委员会、国防部新闻发言人分别发表声明或谈话，强调中国政府和中国人民在台湾问题上一以贯之的立场。与此同时，我们在军事上和外交上采取了一系列强有力的反制措施。面对"台独"势力分裂活动和外部势力干涉台湾事务的严重挑衅，我们坚决开展反分裂、反干涉重大斗争，展示了我们维护国家主权和领土完整、反对"台独"的坚强决心和强大能力。

十是同世纪疫情斗争。2020年春节前后，我们遭受世纪疫情的肆虐。面对突如其来的新冠疫情，党中央坚持人民至上、生命至上，坚持动态清零不动摇，开展抗击疫情人民战争、总体战、阻击战，最大限度保护了人民生命安全和身体健康，统筹疫情防控和经济社会发展取得重大积极成果。

细数新时代这十年，除了这些我们有目共睹的挑战和考验，还有许多来自政治、金融、意识形态等方面的风险挑战，我们都经受住了。中国共产党紧紧依靠人民，稳经济、促发展、战贫困、建小康，控疫情、抗大灾，应变局、化危机，创造了一个个令人刮目相看的人间奇迹。这些奇迹，无论是政治上的，还是经济上的，都聚焦在社会主义现代化建设这一宏大事业上。

要问这十年的伟大变革及其创造的人间奇迹是怎么取得的，毫无疑问，是由于我们确立了习近平总书记党中央的核心、全党的核心地位，确立了习近平新时代中国特色社会主义思想为党的指导思想。在这十年，以习近平同志为核心的党中央，以伟大的历史主动精神、巨大的政治勇气、强烈的责任担当，统筹国内国际两个大局，贯彻党的基本理论、基本路线、基本方略，统揽伟大斗争、伟大工程、伟大事业、伟大梦想，坚持稳中求进工作总基调，出台一系列重大方针政策，推出一系列重大举措，推进一系列重大工作，战胜一系列重大风险挑战，解决了许多长期想解决而没有解决的难题，办成了许多过去想办而没有办成的大事，推动党和国家事业取得历史性成就、发生历史性变革。因此，我们必须深刻领悟"两个确立"的决定性意义。

要问这十年的伟大变革有什么经验，毫无疑问，有很多经验，最最重要的，就是在改革开放以来长期的探索下，走出了一条中国式现代化道路。中国之所以能够在进入中国特色社会主义新时代后短短十年就推动党和国家事业取得历史性成就、发生历史性变革，就是因为我们在以习近平同志为核心的党中央领导下，在建设社会主义现代化国家进程中不断总结改革开放以来现代化建设的历史经验，不断回答现代化实践中遇到的新问题，不断回应来自国际和国内对中国现代化的各种严峻挑战，找到了坚持习近平新时代中国特色社会主义思想的"中国式现代化道路"。

当我们提出这个问题的时候，有三个问题是不能回避的。

第一个问题是："中国式现代化"是不是一条道路？因为，在党的文献中，有的时候称中国式现代化为"道路"或"新道路"，有的时候在阐述中国式现代化时没有冠以"道路"之名。因此，需要我们有一个明确的说法。毫无疑问，我们这里所讨论的"道路"，不是城乡交通意义上的道路，而是关乎党和国家前途命运的前进道路。道路的自然状态，是从出发地到目的地的行进途径和路线。道路的社会形态，则是党和国家在特定的社会历史条件下，从所处的社会发展阶段出发，为实现党的奋斗目标而选择的科学途径和正确路线。如前所述，这样的"道路"正确与否，取决于我们所选择的实现目标的途径和路线是否正确即是否"合乎规律"，是否是"合道之路"。历史经验告诉我们，选择"合道之路"即合乎规律的正确道路，必须具备四个基本元素，一是正确把握各个社会发展阶段的基本国情；二是正确分析各个社会发展阶段所要解决的社会主要矛盾；三是正确制定各个社会发展阶段解决社会主要矛盾的基本路线和目标任务以及实现步骤；四是正确确定各个社会发展阶段解决社会主要矛盾的领导力量、依靠对象和团结对象。新民主主义革命时期的"农村包围城市"的革命道路、过渡时期的社会主义改造道路、改革开放和社会主义现代化建设新时期的中国特色社会主义道路，都具备这四个基本元素。我们在改革开放之初就已经提出，在新时代进一步丰富发展并理论化的"中国式现代化"，是在中国特色社会主义进入新时代这样的时空条件下，为解决新时代的社会主要矛盾提出的，规定了实现现代化的目标任务，特别是强调要坚持党的全面领导，充分发挥亿万人民的创造伟力。显然，中国式现代化具备这四个基本元素，完全可以称它为"道路"，即"中国式现代化道路"。

对于"中国式现代化"是不是道路这个问题，习近平总书记在庆祝中国共产党成立100周年大会上的重要讲话中，就已经深刻指出："我们坚持和发展中国特色社会主义，推动物质文明、政治文明、精神文明、社会文明、生态文明协调发展，创造了中国式现代化新道路，创造了人类文明新形态。"[①]党的十九届六中全会通过的历史决议再次强调指出："党领导人民成功走出中国式现代化道路，创造了人类文明新形态，拓展了发展中国家走向现代化的途径，给那些既希望加快发展又希望保持自身独立性的国家和民族提供了全新选择。"[②]在这里，习近平总书记强调的都是"道路"——中国式现代化道路。也就是说，我们在漫长的现代化探索中，经过反复实践、反复选择，找到的"中国式现代化"，不只是一种现代化的"模式"，而且是一条现代化的"道路"。在英文中，"中国式现代化"的译文就是：Chinese path to modernization。2023年2月7日，在新进中央委员会的委员、候补委员和省部级主要领导干部专题研讨班上，习近平总书记进一步明确指出："实践证明，中国式现代化走得通、行得稳，是强国建设、民族复兴的唯一正确道路。""为全面建成社会主义现代化强国、实现中华

[①] 习近平：《在庆祝中国共产党成立100周年大会上的讲话（2021年7月1日）》，《人民日报》2021年7月2日。

[②] 《中共中央关于党的百年奋斗重大成就和历史经验的决议》，人民出版社2021年版，第64页。

民族伟大复兴指明了一条康庄大道。"①

还需要强调的一点是，1979年3月30日邓小平在党的理论工作务虚会上的重要讲话，不仅用"道路"来定性"中国式的现代化"，而且把这条道路和"毛泽东同志开辟的农村包围城市的道路"放在同等重要的地位，来定性"中国式的现代化道路"地位和意义。②

第二个问题是："中国式现代化"为什么说是一条"唯一正确的道路"？这个问题，已经由历史做了结论。众所周知，在探索中国的现代化之路上，我们经历过"学西方"的现代化尝试，失败了；经历过"学苏联"的现代化实践，虽然取得了不凡的成就，但终究还是"水土不服"，进行了重新探索和重新选择；经历过"大跃进"和人民公社化运动这样依靠群众运动急于求成的现代化进军，也不成功。正是有了这样多方面的实践、失败、再实践、再失误，我们才在历史经验的深刻总结和大胆探索中，找到了"中国式现代化道路"。显然，这条道路的"唯一正确"性，来自实践的反复检验，是实践的结论、历史的结论。

第三个问题是："中国式现代化"为什么说是一条"康庄大道"？这可以从多个维度来认识。从世界现代化历史的维度来看，西方国家的现代化，充满战争、贩奴、殖民、掠夺等血腥罪恶，

---

① 习近平：《中国式现代化是强调建设、民族复兴的康庄大道》，《求是》2023年第16期，第4页。

② 《邓小平文选》第二卷，人民出版社1994年版，第163页。

给广大发展中国家带来的是深重灾难；中国式现代化坚持独立自主、自力更生，依靠中国人民自己的辛勤劳动和创新创造发展壮大自己，通过激发内生动力与和平利用外部资源相结合的方式来实现发展，不仅没有以任何方式压迫其他民族、掠夺他国资源财富，还尽自己能尽之能力为广大发展中国家提供多种形式的支持和帮助。从现代化造福人口数量的维度来看，18世纪下半叶英国开启现代化时人口是千万级的，20世纪后美国领跑现代化时人口是上亿级的。现在，全球已是现代化国家的20多国，总人口是10亿左右。中国现在是14亿多人口整体迈入现代化，规模超过现有发达国家的人口之总和，极大地改变了现代化的世界版图。从现代化特点的维度来看，正如习近平总书记说过的，中国式现代化"破解了人类社会发展的诸多难题，摒弃了西方以资本为中心的现代化、两极分化的现代化、物质主义膨胀的现代化、对外扩张掠夺的现代化老路，拓展了发展中国家走向现代化的途径，为人类对更好社会制度的探索提供了中国方案"[①]。正由于有这四个"摒弃"，才使得"中国式现代化"能够成为"康庄大道"。归根到底，从人民群众的获得感、幸福感、安全感这一维度来看，中国式现代化带给中国人民的，不仅是经济长期发展的奇迹，而且还有社会长期稳定的奇迹。这就是中国人自古以来追求的"国泰民安"这四个字。尤其是中国打赢了举世瞩目的脱贫攻坚战，使得

---

① 《习近平著作选读》第二卷，人民出版社2023年版，第553页。

近亿绝对贫困人口在短短十年中摆脱贫困，谱写了人类反贫困的历史性篇章。这一切都说明，中国式现代化不仅是一条造福中国人民的"康庄大道"，也是造福人类的"康庄大道"。

在2023年12月召开的中央经济工作会议上，习近平总书记进一步强调，中国式现代化是新时代"最大的政治"。我们已经在中国现代化的探索中，获得了三个极其重要的认识，一是我们已初步构建了中国式现代化理论；二是我们已找到中国式现代化这一强国建设、民族复兴唯一正确的道路；三是我们已认识到中国式现代化是必须毫不动摇地坚持的"新时代最大的政治"。形成这三个认识，意味着我们对中国现代化的认识开始从必然王国向自由王国飞跃。

需要指出的是，具有马克思主义的清醒和自觉的中国共产党人在肯定中国式现代化是强国建设、民族复兴的"康庄大道"的同时，还明确指出："康庄大道"并不等于一马平川。要把中国式现代化的中国特色变为成功实践，把鲜明特色变为独特优势，需要付出艰巨努力。

第三节　在中华民族从"站起来"、"富起来"迈向"强起来"的历史进程中选择中国式现代化之路

我们已经懂得，道路正确与否关乎中华民族伟大复兴的命运，中国式现代化是强国建设、民族复兴的唯一正确道路。还要进一步认识到，中国式现代化之路是在中华民族伟大复兴的漫长历史进程中，伴随着中华民族从"站起来"、"富起来"迈向"强起来"的历史进程逐步形成和提出的。

回眸中国现代化所走过的漫长求索之路，最初在西方列强压力下被动起步，把"学西方"等同于搞现代化，一次又一次尝试都失败了。但是，具有悠久历史传统的中华民族自强不息，在屡屡失败中重新奋起，在学习争论中认真求索，在困难挫折中拨乱反正，在创新创造中不断总结，最后终于走出了一条中国式现

代化道路，创造了这一人类文明新形态。同这条道路的探索和选择相对应，中华民族在中国共产党领导下，经历了"站起来"和"富起来"两个历史阶段，现在已经踏上迈向"强起来"的新征程。

第一次把中华民族伟大复兴的历史进程概括为"站起来"、"富起来"和"强起来"，是2016年习近平总书记在庆祝中国共产党成立95周年大会上的重要讲话。他说，我们党团结带领中国人民进行改革开放新的伟大革命，"实现了中国人民从站起来到富起来、强起来的伟大飞跃"[①]。这里讲"三个起来"的伟大飞跃，突出的是"富起来、强起来"。这是习近平总书记对改革开放伟大历史贡献的重要概括和重要论断。

习近平总书记第二次讲"三个起来"的伟大飞跃，是2017年7月26日在省部级主要领导干部专题研讨班上发表的重要讲话。在这个为迎接党的十九大召开作思想准备的重要讲话中，他说，党的十八大以来，在新中国成立特别是改革开放以来我国发展取得的重大成就的基础上，"中华民族实现了从站起来、富起来到强起来的历史性飞跃"[②]。我们注意到，同样讲"三个起来"，但表述出现了细微而又极其重要的变化。一个论断是"从站起来到富起来、强起来"，一个论断是"从站起来、富起来到强起来"。这两

[①] 习近平：《在庆祝中国共产党成立95周年大会上的讲话》，人民出版社2016年版，第3—4页。

[②] 习近平：《高举中国特色社会主义伟大旗帜 为决胜全面小康社会实现中国梦而奋斗》，《人民日报》2017年7月28日。

个具有极为细微变化的重要论断，其内在精神是贯通一致的，区别只是在所指称的历史阶段不一样而已，但是这样的区别意义十分重大。习近平总书记强调的是我们今天正处于"强起来"的历史阶段。

习近平总书记第三次讲"三个起来"的伟大飞跃，是代表十八届中央委员会向党的十九大所作的报告《决胜全面建成小康社会，夺取新时代中国特色社会主义伟大胜利》。他说："中国特色社会主义进入新时代，意味着近代以来久经磨难的中华民族迎来了从站起来、富起来到强起来的伟大飞跃，迎来了实现中华民族伟大复兴的光明前景。"[1]这次讲"三个起来"，立足点是新时代，用的动词是"迎来了"，不仅强调新时代是中华民族"强起来"的时代，而且强调当我们"迎来了"中华民族"强起来"，迎来的就是"实现中华民族伟大复兴的光明前景"。

"站起来"，出自于毛泽东1949年在新中国成立前夕自豪地向世界宣布的："占人类总数四分之一的中国人从此站立起来了。"[2]这是他对中国共产党领导的艰苦卓绝的人民大革命和新中国诞生历史贡献的精辟概括。

"富起来"，是人民群众对邓小平领导的中国改革开放发自内心的赞颂。记得20世纪90年代，中国大街小巷都传唱的一首歌

---

[1] 习近平：《决胜全面建成小康社会，夺取新时代中国特色社会主义伟大胜利——在中国共产党第十九次全国代表大会上的报告》，人民出版社2017年版，第10页。

[2] 《毛泽东文集》第五卷，人民出版社1996年版，第343页。

中，有这样两句歌词："我们唱着东方红，当家作主站起来；我们讲着春天的故事，改革开放富起来。"

"强起来"，是今天全国各族人民对国家命运和前途最热切的期望。习近平总书记把党的十八大前后的变化概括为从"站起来、富起来"到"强起来"的历史性飞跃。也就是说，党的十八大以来我国改革发展的历史性走向和伟大成就是："强起来"。我们知道，"富强"历来是中华民族的追求，而"富强"不仅是包括了"富"而且包括了"强"这样两个方面的追求。其中，"富"是"强"的基础，但"富"又不等于"强"。在复杂的人际关系和国际关系中，"穷"（不富）要被人欺，"弱"（不强）也要被人欺；"又穷又弱"要被人欺，"富而不强"同样要被人欺。"站起来"的中国人，只有又"富"又"强"，成为一个强大的中华民族，才能真正巍然屹立于世界民族之林。这种历史概括意味着什么？意味着我们当前和今后一个阶段的根本历史任务，就是要"强起来"。

倘若把中华民族"站起来"、"富起来"到"强起来"的历史进程，同中国人探索和选择中国式现代化之路的历史进程联系起来，是十分有意思的事情。中国人在为实现中华民族伟大复兴的历史进程中开创"中国式现代化道路"，从这个新概念形成和发展的历史来看，是一个思想认识从"量变"到"质变"的历史过程。

"量变"发生于中华民族为"站起来"而奋斗的历史进程

中。也就是说,"中国式现代化"的意识和思想发端于中华民族为"站起来"而奋斗的历史进程中。在经历了洋务运动、戊戌变法、辛亥革命三次失败后兴起的新文化运动,特别是在"五四运动"后一波又一波东西方文化之争中,中国人已经认识到"欧化""西化"都解决不了中华民族的救亡和复兴问题,于是用"科学化""现代化"这样的新概念来取代"欧化""西化"这些老概念。就是在"现代化"这一新概念出现的时候,中国许多人已经意识到:"现代化"不等于"欧化""西化"。我们只要读一读20世纪20年代到40年代关于"现代化"的论战文献,就可以注意到,越来越多的论者已经朦朦胧胧地意识到中国的现代化不可能是"欧化"或"西化",而是扎根在中国的历史文化中的"中国式"的现代化。比如1935年4月张熙若(即张奚若)在天津《国闻周报》发表的《全盘西化与中国本位》,他在指出"全盘西化论""极不妥当"和"要不得"的同时,还指出"中国本位文化建设运动就是独裁政制建设运动";与此同时,他明确指出:"现代化可以包括西化,西化却不能包括现代化。这并不是斤斤于一个无谓的空洞名词,这其中包含着许多性质不同的事实。"[①]也就是说,中国人当年用"现代化"这一新概念取代"欧化""西化",就已经意识到"现代化"不等于"欧化""西化"。中国人追求的现代化,是在中国人学习世界各国文明成果基础上,基于

[①] 张熙若:《全盘西化与中国本位》,《国闻周报》第12卷第23期,1935年4月。

中国悠久的历史文化创造的，一种新的中华文明、一种现代的中华文明。事实上，毛泽东在1949年自豪地宣布"占人类总数四分之一的中国人从此站立起来"的时候，就已经指出我们将"创造自己的文明和幸福"①。这个时候，尽管没有提出"中国式现代化"这样的新概念，但已经包含了这一新概念所内涵的新思想。

"根本质变"发生之前的"部分质变"，出现于中华民族为"富起来"而奋斗的历史进程中。也就是说，在"中国式现代化道路"这一新概念提出之前，我们已经提出了"中国工业化的道路"和"中国式的现代化道路"。这两个概念形成和提出于中华民族为"富起来"而奋斗的历史进程中。在中国建立社会主义基本制度，开始大规模社会主义建设之初，即为中国人民"富起来"而奋斗之初，就已经提出了"中国工业化的道路"这一概念。这是毛泽东在《关于正确处理人民内部矛盾的问题》基于《论十大关系》的分析而提出的。《关于正确处理人民内部矛盾的问题》共讲了12个问题，最后一个问题归总，讲的是"中国工业化的道路"，主要讲的是重工业、轻工业和农业的发展关系问题，强调的是中国在实现工业化时要"学那些和我国情况相适合的东西"②。"中国工业化的道路"这一概念，可以说是"中国式的现代化道路"这一概念形成和提出的前奏。在党的十一届三中全会后，中国进入了改革开放和社会主义现代化建设新时期。这是中国人民

---

① 《毛泽东文集》第五卷，人民出版社1996年版，第344页。
② 《毛泽东文集》第七卷，人民出版社1999年版，第241—242页。

自觉为"富起来"而奋斗的历史时期。"中国式的现代化道路"就是在这样的背景下应运而生的。①1979年3月21日，邓小平在会见英中友好协会执行委员会代表团时，最早指出："我们定的目标是在本世纪末实现四个现代化。我们的概念与西方不同，我姑且用个新说法，叫做中国式的四个现代化。"②3月23日，他在中央政治局会议上讲话时说："我同外国人谈话，用了一个新名词：中国式的现代化。到本世纪末，我们大概只能达到发达国家七十年代的水平。"③他提出的"中国式的四个现代化"或"中国式的现代化"新说法、新名词，指的是"人均收入不可能很高""把标准放低一点"的现代化。④3月30日在党的理论工作务虚会上，他进一步明确指出："过去搞民主革命，要适合中国情况，走毛泽东同志开辟的农村包围城市的道路。现在搞建设，也要适合中国情况，走出一条中国式的现代化道路。"⑤也就是说，中国式的现代化道路从形式上看是对比对标西方现代化"把标准放低一点"的现代化，而其实质还是"必须从中国的特点出发"的现代化。正因强调"必须从中国的特点出发"，我们最后走出了一条非西方化的"中国式现代化道路"，创造了"中国式现代化"这一人类文明的

---

① 《邓小平文选》第二卷，人民出版社1994年版，第263页。
② 《邓小平年谱（1975—1997）》（上），中央文献出版社2004年版，第496页。
③ 《邓小平年谱（1975—1997）》（上），中央文献出版社2004年版，第497页。
④ 《邓小平年谱（1975—1997）》（上），中央文献出版社2004年版，第467页、第563页。
⑤ 《邓小平文选》第二卷，人民出版社1994年版，第163页。

新形态。

"质变"或"根本质变"发生于中华民族迈向"强起来"的历史进程中。也就是说,"中国式现代化道路"这一概念,经过不断丰富发展并写进党的历史决议,是在新时代即中华民族从"站起来"、"富起来"迈向"强起来"的历史进程中。习近平总书记在庆祝中国共产党成立100周年大会上第一次提出的"中国式现代化新道路"后,"中国式现代化道路"写进了党的十九届六中全会通过的历史决议。可以说,"中国式现代化道路"这一概念是自毛泽东提出的"中国工业化的道路"、邓小平提出的"中国式的现代化道路"之后的又一次转型,其核心思想同"中国工业化的道路""中国式的现代化道路"一脉相承,都强调现代化要适合中国国情;但和邓小平说的"把标准放低一点"的现代化不完全一样,是作为"人类文明新形态"的中国式现代化道路。正如习近平总书记强调的:"一个国家走向现代化,既要遵循现代化一般规律,更要符合本国实际,具有本国特色。中国式现代化既有各国现代化的共同特征,更有基于自己国情的鲜明特色。"[①]这一条非西方化的现代化之路,正是我们强国建设、民族复兴唯一正确的道路。

由此可见,"中国式现代化道路"是在我们为中华民族伟大复兴而奋斗的漫长历史进程中逐步找到的,也是一个认识从"量变"

---

① 习近平:《中国式现代化是强国建设、民族复兴的康庄大道》,《求是》2023年第16期,第4页。

经由"部分质变"到"质变"或"根本质变"的历史过程。没有这样的"量变"和"部分质变",不可能有"质变"或"根本质变"的历史辉煌;没有这样的"质变"或"根本质变","量变"和"部分质变"也失去了其意义。实现这样的"质变"或"根本质变",创造中国式现代化道路,创造人类文明新形态,提出以中国式现代化全面推进中华民族伟大复兴,对于中国"强起来",实现民族复兴具有长远而深刻的指导意义。因此,我们说找到这条"唯一正确的道路",是新时代中国共产党人为中华民族伟大复兴所做出的最大的历史性贡献!

第三章

理论逻辑：为什么是"中国式现代化"

现代化的中国选择

中国选择

CHINA'S CHOICE OF MODERNIZATION

选择，作为理性的选择，最重要的就是要通过对历史与现实、理论与实践的科学分析，梳理清楚作出选择的"为什么"。我们已经从历史的回顾和比较中认识到中国式现代化道路是强国建设、民族复兴的唯一正确道路，而且认识到这条道路是在中华民族伟大复兴的漫长历史进程中，伴随着中华民族从"站起来"、"富起来"迈向"强起来"的历史进程中逐步开创出来的。这样的历史回顾和对比，对于说清楚中国为什么要选择中国式现代化，显然是有事实说服力的。但是，仅仅这样做还不够，还需要进一步揭示历史逻辑背后的理论逻辑，从理论上回答：中国的现代化为什么是"中国式现代化"，或者说，中国的现代化为什么非要走"中国式现代化道路"不可。

第一节　从"我是谁，从哪里来，到哪里去"说起

现代化就是现代化，为什么还要强调"中国式"？这是一些人感到困惑的地方。搞清楚中国的现代化为什么是"中国式现代化"这个基础性的问题，就可以从根上懂得什么是"中国式现代化"，懂得中国为什么要选择"中国式现代化道路"。

对于这样的思想困惑，我们只要读一读2014年5月4日习近平总书记同北京大学师生座谈时的重要讲话，就可以解疑释惑。他在同北京大学师生座谈时说："一个民族、一个国家，必须知道自己是谁，是从哪里来的，要到哪里去，想明白了、想对了，就要坚定不移朝着目标前进。"[①]这里提出的"我是谁，从哪里来，到哪

---

① 《习近平谈治国理政》第一卷，外文出版社2018年版，第171页。

里去"是一个古老的哲学本体论命题。哲学，探究的是宇宙、生命、人是从哪里来的这三大终极问题。"我是谁，从哪里来，到哪里去"，探究的就是"人的来源"这一终极问题。习近平总书记作为十几亿人口大国的领袖，作为政治家，提出这个问题，讨论的显然是中国政治的"本体论"问题。也就是说，中国政治的本体，就是要搞清楚"我是谁，从哪里来，到哪里去"。这个问题不清楚，什么问题都搞不清楚。当年，毛泽东说我们中国共产党人是"成为伟大中华民族的一部分而和这个民族血肉相联的共产党员"[①]，王明就不懂得这个道理，不懂得"我是谁，从哪里来，到哪里去"，老唱"我们是国际主义者"的高调，老犯"洋八股"的错误。中国特色社会主义新时代，要先搞清楚"我是谁，从哪里来，到哪里去"，也要搞清楚中华民族的昨天是怎么走到今天的，中华民族今天和明天的奋斗目标是什么。习近平总书记关于"中国式现代化"理论的一个显著特点，就是从中华民族伟大复兴这一宏大的历史视角和"我是谁，从哪里来，到哪里去"这一深刻的理性思考来提出和把握的。

"我是谁"讲的是人在实践过程中对于主体的自我认识，有了这个自我认识就可以进一步认识到实践过程中主体与客体的相互作用将循着什么样的方向和轨迹运动，进一步认识到这一实践运动的性质和任务。习近平总书记指出："我们生而为中国人，最根

---

① 《毛泽东选集》第二卷，人民出版社1991年版，第534页。

本的是我们有中国人的独特精神世界,有百姓日用而不觉的价值观。"①对于"我是谁"的这个认知,决定了中国的所有实践活动都将打上"中国人"的深深印记。这不仅决定了中国的革命、建设和改革都是具有"独特精神世界,有百姓日用而不觉的价值观"的"中国人"这一主体的实践活动,而且决定了中国的现代化也是具有"独特精神世界,有百姓日用而不觉的价值观"的"中国人"这一主体的实践活动。也就是说,中国的现代化是中国人的现代化,而不是美国人的现代化,不是欧洲人的现代化。因此,我们在讨论什么是"中国式现代化"的时候,特别是在讨论为什么现代化要"中国式"的时候,必须牢记和懂得我们是"中国人"这一实践主体的基本特征。

牢记我们是"中国人",才能够认识我们继承和弘扬中华优秀传统文化的重要性,才能够懂得中国人对现代化的追求内在地包含着深刻的文化追求。有中华独特精神世界,有百姓日用而不觉价值观的中国人,讲的是中国人的文化特质。我们都有这样的体会,一个中国人无论跑到世界哪个地方,无论在异国他乡生活多长时间,只要一见到另一个中国人,就会不由自主地流露出浓浓的亲情,如果遇到的是来自中国同一地方的人,甚至会不由自主地用家乡话交谈并感到特别亲切。这就是因为我们生而为中国人,有我们中国人独特的精神世界,有中国老百姓日用而不觉

---

① 《习近平谈治国理政》第一卷,外文出版社2018年版,第171页。

的价值观。习近平总书记指出:"中华文明绵延数千年,有其独特的价值体系。中华优秀传统文化已经成为中华民族的基因,植根在中国人内心,潜移默化影响着中国人的思想方式和行为方式。"①"文化基因",是习近平总书记多次提出和使用的一个重要概念。他指出:"中华民族在长期奋斗中开展的精神活动、进行的理性思维、创造的文化成果,反映了中华民族的精神追求,其中最核心的内容已经成为中华民族最基本的文化基因。"②这种文化基因,不仅深深地浸润着我们的肌体,而且深深地影响着我们的活动。有这样的文化基因的中国人进行的中国现代化,必定内在地包含了中国人的文化追求,深刻地打着中华优秀传统文化的烙印。我们今天强调要继承和弘扬中华优秀传统文化,就在于中国人身上都有着最基本的中华民族的"文化基因";我们今天强调要坚持走中国式现代化道路,也在于我们中国人身上都有着最基本的中华民族的"文化基因",以及中国人的文化追求。

更为重要的是,在牢记我们是"中国人"的同时,还要搞清楚我们"从哪里来,到哪里去",这就能够认识我们今天所处的历史阶段,从而认识我们的基本国情。习近平总书记要求我们,作为"中国人",要永远牢记我们是"从哪里来"的,我们要"到哪里去",从而也就能够知道我们"现在在哪里"。因为,我们是

---

① 《习近平谈治国理政》第一卷,外文出版社2018年版,第170页。
② 《牢记历史经验历史教训历史警示为国家治理能力现代化提供有益借鉴》,《人民日报》2014年10月14日。

一个具有悠久文明传统的民族，同时又是一个遭受过历史磨难的民族。今天的我们，是从半殖民地半封建的中国走过来的，是从新民主主义走到社会主义的，现在还处在社会主义初级阶段。这样，我们在探索现代化道路上，就会懂得做什么事都要从今天中国处在的社会发展阶段出发，探索符合中国国情的现代化之路。而这种牢记"我是中国人"，牢记我们"从哪里来，到哪里去"，立足中国国情的实事求是科学态度，不仅是领导革命所必需的，也是领导现代化所必需的。懂得了这一点，我们在探索现代化之路的时候，就不会思想僵化、闭关自守，也不会脱离实际、盲目西化。

显然，只要在"我是谁"的问题上做一个明白人，就会在我们"从哪里来，到哪里去"的问题上成为一个明白人，就能够认识我们肩负的历史使命是实现中华民族伟大复兴。也就是说，牢记我们是"中国人"，牢记我们"从哪里来，到哪里去"，就可以认识我们实现现代化是为了实现中华民族伟大复兴。2015年11月3日，在同出席第二届"读懂中国"国际会议的外国政要和学者座谈时，习近平总书记明确地指出："我们从哪里来？我们走向何方？中国到了今天，我无时无刻不提醒自己，要有这样一种历史感。"他还说，"伫立在天安门广场的人民英雄纪念碑有一组浮雕，表现的是1840年鸦片战争到1949年中国革命胜利的全景图。我们一方面缅怀先烈，一方面沿着先烈的足迹向前走，我们提出了中国梦，它的最大公约数就是中华民族伟大复兴。"①作为中国人，我们永远不能忘记1840年鸦片战争以来中华民族被西方列强侵略、欺压的历史以及经历的磨难、承受的耻辱。习近平总书记指出，"我无时无刻不提醒自己，要有这样一种历史感"，要为实现中华民族伟大复兴而奋斗。这就是一个对民族、对人民、对党负责任的中国政治家的民族情怀和历史担当精神，也就是我们要在中华大地实现中国式现代化的民族情怀和历史担当精神，而这种民族情怀和历史担当精神就来自于我们是"中国人"的自我认知。

由此可见，习近平总书记在治国理政过程中十分重视历史传承，牢记自己肩负的历史重任，立足中华大地和中国国情而又面向世界，以务实求真的科学思想指导现代化的探索。不仅如此，从上述论述中，我们还可以注意到，他总是把我们已经做过的事、正在做的事、将要做的事作为一个历史整体来考虑。习近平总书记一再强调："中国的今天是从中国的昨天和前天发展而来的。要治理好今天的中国，需要对我国历史和传统文化有深入了解，也需要对我国古代治国理政的探索和智慧进行积极总结。"②把现在的事同历史的逻辑发展联系起来，并对未来的发展做合理的预测，这样把历史看作是一个整体和过程的研究和观点，我们称为大历

---

① 《记以习近平同志为总书记的党中央推进全方位外交的成功实践》，《人民日报》2016年1月5日。

② 《牢记历史经验历史教训历史警示为国家治理能力现代化提供有益借鉴》，《人民日报》2014年10月14日。

史观。这是他在历史观上的重要特点。

习近平总书记经常讲，治国理政要有历史思维。他关于"中国式现代化"的大量论述，一是基于"我们是中国人"的主体意识；二是基于中国人为实现现代化所经历的曲折历史包括学西方、学苏联的经验教训；三是基于改革开放以来中国在推进社会主义现代化进程中积累的丰富经验；四是基于世界各国特别是发展中国家现代化的经验教训；五是基于我们今天实现社会主义现代化要解决的新矛盾新问题；六是基于对中华优秀传统文化的自信；七是基于对中国现代化未来前景的展望。显然，习近平总书记是从大历史观的视角提出"中国式现代化"这一深刻问题的。

第二节　世界现代化遇到的问题和中华文明的优势

　　现代化为什么必须是"中国式"的？除了因为我们是中国人，有中国人的独特精神世界，有中国老百姓日用而不觉的价值观，更重要的是，西方国家在现代化进程中尽管创造了许多令人刮目相看的成就，但同时也出现了许多不容忽视的问题和弊端，有的问题和弊端已经积重难返，被人们称为"现代社会病"。对此，我们作为后发现代化国家，能够不认真对待吗？它们在现代化进程中出现的那些给人类带来灾难性后果的做法，难道我们还要重蹈覆辙吗？显然，这不仅是不行的，而且是十分愚蠢的。借用毛泽东在《论十大关系》中说过的一句话："他们走的弯路，你还想走？"[①]因此，我们必须另辟蹊径，探究中国实现现代化的新路。

---

① 《毛泽东文集》第七卷，人民出版社1999年版，第23页。

与此同时，我们在探究这条新路的进程中，可以在借鉴人类文明一切有益成果的同时，研究中华文明与现代化有哪些彼此相契合的地方，让源远流长的中华文明发挥其独特的优势，为解决西方国家在现代化进程中出现的问题和弊端，提供实现中国现代化的新方案和新蓝图。

事实上，从第一次世界大战开始，许多中国政治家和学者在欧洲旅游或访问中，包括梁启超和孙中山在内的各家各派有识之士，早已意识到资本主义现代化有许多问题和弊端。尤其是巴黎和会让国人进一步看到现代化的列强用强权碾压公理的霸道行径，令人无法忍受。随着对西方国家现代化了解日益全面和深入，越来越多的中国有识之士开始对西方的现代化进行认真的反思。20世纪30年代，一些学者在用"科学化"或"现代化"概念取代之前使用的"欧化""西化"概念时，就已经指出"现代化"包括"欧化"但不等于"欧化"。后来，一些有识之士进一步认识到，发端于西方工业化的资本主义现代化，不仅因其是"资本主义"而存在许多制度性的弊端，而且其"现代化"模式也存在许多结构性的不合理性。因此，在中国，不仅"全盘西化论"不受大多数学者欢迎，就是"西化论"也和"复古论"一样频受大多数学者诟病。

令国人关注的是，进入20世纪70年代以来，世界上许多西方国家的有识之士对于他们生活于其中的资本主义社会，对于他们的现代化，也发出了许多质疑的声音。特别是对于西方国家在现代化进程中造成的资源过度消耗、生态严重破坏、贫富不均加剧、社会两极分化、民主畸形发展等问题，质疑之声更是越来越多。

比如，1972年，罗马俱乐部的著名报告《增长的极限》，在开展"人类困境"的研究中，根据世界人口、粮食、资源、污染和工业产出5个模块的反馈互动建立的系统动力模型，发现在资本主义现代化国家"繁盛"的背后，能源使用、物质流以及人口的指数增长正在威胁着地球的物理极限。这个报告提出，按照世界人口、工业化、粮食生产、资源消耗与环境污染的增长趋势，将在百年内超过地球的承载极限；只有建立可持续的全球均衡状态，才能改变这种增长趋势、建立稳定的生态和经济条件以支撑遥远的未来。换言之，现代化消耗的是人类赖以生存的地球，最终给人类带来的是不可挽回的灾难，人类只有实行可持续发展才能避免这样的灾难。

比如，著名的英国历史学家汤因比1974年在同日本宗教和文化界著名人士池田大作的对话录《展望二十一世纪》中，已经意识到西方国家的现代化带给人类的并非都是美好的福音。他们感叹由于资本主义国家发动的两次世界大战和频繁的局部战争，使得"人类主要的伦理规范被如此恣意地颠倒"，"在人类生活的许多方面产生了无法制状态"[1]；感叹"在所谓发达国家的生活方

---

[1] 《展望二十一世纪——汤因比与池田大作对话录》，国际文化出版公司1985年版，第8页。

式中，贪欲是作为美德受到赞美的"①；感叹"只要把无节制的竞争心作为支配人类行为的原理并继续下去，少数富人和多数穷人之间物质财富上的鸿沟和文化福利上的鸿沟，也就要继续扩大下去"②；感叹现代化包括现代城市迅猛扩张进程中，由于"产业废弃物"和"现代城市居民的过多消耗"造成的严重污染③。他们的这些感叹，感叹的就是西方国家现代化带给人类的并非都是福音，还有灾难。

又比如，以德国的哈贝马斯为代表的批判主义思想家在一系列著述中深刻指出，缺乏成熟的民主政治是德国法西斯主义形成的根本原因，而整个现代性的病症在于民主理想与现实的脱节、民主畸变为形式民主，而排除了民众参与（局限为投票）的民主已经蜕变为少数精英人物的权力更迭、组合游戏。普通民众政治冷淡已成西方民主国家普遍现象。他们认为，在现代社会，较之简单的投票选举，协商被公认为是更为有效、合理的参与形式，更能体现民主的参与需求。

与此同时，这些西方有识之士中的许多人，已经注意到中华文明的特点和优势，并对中华文明熏陶出来的中国人的许多优点

---

① 《展望二十一世纪——汤因比与池田大作对话录》，国际文化出版公司1985年版，第57页。
② 《展望二十一世纪——汤因比与池田大作对话录》，国际文化出版公司1985年版，第196页。
③ 《展望二十一世纪——汤因比与池田大作对话录》，国际文化出版公司1985年版，第53页。

赞叹不已。汤因比讲过一个亲身经历的事情，说他曾经在英国官员陪同下参观过香港的几个公寓建筑，"看到在非常困难的条件下，中国人秩序井然地生活着，实在令人感佩。中国人家庭的内聚力很强，孩子受到严格的教养，所以才能够在这种欧洲根本无法忍受的环境中生活。他们在这方面表现出来的能力实在令我惊叹不已"[①]。他还说过："从鸦片战争到中国共产党统一大陆之前，世界各国都以轻蔑的态度对待中国，无所顾忌地欺负中国。""虽然如此，像今天高度评价中国的重要性，与其说是由于中国在现代史上比较短时期中所取得的成就，毋宁说是由于认识到在这以前两千年期间所建立的功绩和中华民族一直保持下来的美德的缘故。中华民族的美德，就是在那屈辱的时间里，也仍然继续发挥作用。特别是在现代移居世界各地的华侨的个人活动中也体现着这种美德。"[②]

他们之所以赞叹中华文明有这些西方文明中所没有的特点和优势，是希望能够从中找到解决西方国家在现代化进程中出现的那些"现代社会病"。因为，他们对于如何解决这些由资本主义现代化带来的贪欲膨胀、资源过度消耗、环境污染、两极分化、民主畸形等"现代社会病"，总想找到能够救治的方案。比如，哈贝马斯主张用参与式民主、协商民主来弥补选举民主的不足。而在

[①] 《展望二十一世纪——汤因比与池田大作对话录》，国际文化出版公司1985年版，第41—42页。

[②] 《展望二十一世纪——汤因比与池田大作对话录》，国际文化出版公司1985年版，第287页。

中国，这样的民主早就形成了，新中国就是中国共产党和各个民主党派、各个界别的代表，在中国人民政治协商会议里通过协商民主建立的；中国的社会主义民主，历来就有选举民主和协商民主两种形式。特别是，汤因比在和池田大作的对话中，对中华文明寄予极大的期盼。汤因比说："中国在传统的文化上，其影响力是无法估量的。中国还有跟历来西欧各国根本不同的国家观、世界观和文化观念。今后一旦中国在国际社会这一舞台上大显身手，特别对亚非各国一定会产生相当大的波动。"[1]汤因比还在论述中国和东亚文化的优势时说，中华民族的经验，中华民族在漫长的历史长河中逐步培育起来的世界精神，中国儒学世界观中的人道主义、合理主义，以及中国哲学强调人必须和自然保持协调而不是狂妄地支配自然的信念等很多历史遗产，"都可以使其成为全世界统一的地理和文化主轴"。在和池田大作的对话中，他甚至预言："将来统一世界的大概不是西欧国家，也不是西欧化的国家，而是中国。"[2]尽管他说的也只是一家之言，而且诸如"中国统一世界"等说法并不代表中国党和政府的观点，但他认为中华优秀传统文化有着不同于欧美文化的显著特点和优点，对解决现代化进程中出现的一些"现代社会病"有益，这样的观点是值得我们重视的。

---

[1] 《展望二十一世纪——汤因比与池田大作对话录》，国际文化出版公司1985年版，第290页。

[2] 《展望二十一世纪——汤因比与池田大作对话录》，国际文化出版公司1985年版，第287—289页。

事实上，西方式现代化带来的问题，不仅存在于先期现代化国家即欧美资本主义国家，在后发现代化国家即在争取民族独立后从殖民主义枷锁下挣脱出来的发展中国家也遇到了。这些后发现代化国家往往把先期现代化国家作为样本，并依附于这些国家。它们即使在一个时期里创造了现代化的"奇迹"和"神话"，最后还是陷入了这个陷阱或那个困境。这也提醒我们，像中国这样最大的发展中国家，要实现现代化必须走符合自己国情的道路，不能照抄照搬西方国家的现代化。

诸如此类情况，反映的是西方式现代化并非人类的"理想王国"。既然如此，中国的现代化能以它们为榜样吗？显然不能。在2023年3月15日举行的中国共产党与世界政党高层对话会上，习近平总书记以鲜明的语言发问："两极分化还是共同富裕？物质至上还是物质精神协调发展？竭泽而渔还是人与自然和谐共生？零和博弈还是合作共赢？照抄照搬别国模式还是立足自身国情自主发展？我们究竟需要什么样的现代化？怎样才能实现现代化？"他提出的这些问题，都是西方国家现代化进程中遇到的诸多难题。①在习近平总书记看来，中华文明追求的"天下为公""民为邦本""厚德载物""天人合一""亲仁善邻"等社会理想和治国理念所具有的优势，恰恰能够破解这些难题。当然，我们讲要通过弘扬中华优秀传统文化来破解这些难题，并不是简单延续中华

---

① 习近平：《携手同行现代化之路——在中国共产党与世界政党高层对话会上的主旨讲话》，《人民日报》2023年3月16日。

优秀传统文化，而是通过中华文明的"创造性转换"和"创新性发展"形成的现代中华文明，来破解这些现代化进程中出现的难题。

由此可见，中国的现代化为什么是"中国式现代化"，决不是偶然的。综上所述，一是中国在探索现代化进程中，从先辈们开始就已经意识到并提出过现代化不等同于"欧化""西化"；二是资本主义国家的有识之士也已经指出西方式的现代化并非至善至美，诸多难解之题要靠中华优秀传统文化才能加以解决；三是一些后发现代化国家的经验也告诉我们，依附西方国家的现代化不是正确的选择。因此，我们理所当然地选择非西方化的现代化，探索符合中国国情特别是中华优秀传统文化的中国式现代化。

第三节　马克思主义中国化和现代化中国式的内在逻辑

为什么是"中国式现代化"？从根本上说，是由中国共产党人在党的指导思想上恪守的马克思主义中国化的本质要求所决定的，探寻和选择中国现代化道路是马克思主义中国化合乎逻辑的结论。

首先，"中国式现代化"是"马克思主义中国化"在现代化进程中的运用和体现。"马克思主义中国化"和"中国式现代化"这两件事是党的指导思想与这一指导思想下推进的现代化实践之间的关系，是党的指导思想与践行这一指导思想的现代化理论之间的关系，"中国式现代化"正是"马克思主义中国化"在现代化进程中的运用和体现。

"马克思主义中国化"这个概念，是毛泽东在党的六届六中全会（扩大）提出的。在这次全会之前，1937年12月和1938年3月召开的两次政治局会议即党史上的"十二月会议"和"三月会议"上，1937年11月29日回国的王明和毛泽东发生了正面冲突，他以国际路线代表的名义否定毛泽东在全面抗战初期提出的共产党要在抗日民族统一战线中保持独立自主性和在军事上把游击战上升到战略地位的正确主张。而王明当时是共产国际执委会委员、主席团委员和政治书记处候补书记，来延安时又带着共产国际的指示，被许多人视为共产国际的"钦差大臣"。因此，许多人被王明迷惑，在"十二月会议"上作了自我批评。后来，在党的七大上，毛泽东指出："遵义会议以后，中央的领导路线是正确的，但中间也遭到波折，抗战初期，十二月会议就是一次波折。""十二月会议上有老实人受欺骗，作了自我批评，以为自己错了。""而我是孤立的。"[①]在"三月会议"后，中共中央决定派任弼时赴莫斯科向共产国际当面汇报工作。主持共产国际工作的季米特洛夫听取汇报后，决定让中共中央驻共产国际代表王稼祥回国，传达共产国际指示。共产国际在指示中指出，中共中央抗战以来的路线是正确的；中央领导机关要在毛泽东为首的领导下来解决问题。王稼祥回国之际，正值中共中央要召开扩大的六届六中全会，部署抗日战争进入相持阶段后的工作。王稼祥在中共中央政治局会议上传达了共产国际领导的指示。这一指示对于开好六届六中全

[①] 《毛泽东传（1893—1949）》，中央文献出版社1996年版，第508—509页。

会（扩大），发挥了重要作用。毛泽东在全会上作了长篇报告《论新阶段》。就在这个报告中，毛泽东提出了"马克思主义中国化"的任务。

毛泽东在《论新阶段》的第七部分《中国共产党在民族战争中的地位》中，从爱国主义和国际主义的关系讲起，指出"爱国主义就是国际主义在民族解放战争中的实施"[①]。共产党员要在民族战争中发挥模范作用，就要巩固和扩大抗日民族统一战线，同时在统一战线中坚持党的独立性。为此，他强调既要反对统一战线问题上的"左"倾关门主义倾向，又要反对右倾机会主义倾向，而要正确地开展好这两条战线的斗争，必须加强学习。毛泽东指出："指导一个伟大的革命运动的政党，如果没有革命理论，没有历史知识，没有对于实际运动的深刻的了解，要取得胜利是不可能的。"[②]他在全会上提出了"三学"的任务，即全党尤其是党的高级干部要学习马克思列宁主义理论，学习从孔夫子到孙中山留下的历史遗产，学习抗日战争以来的实践经验。通过这样的"三学"，实现马克思主义中国化。

按照毛泽东的论述，马克思主义中国化具有三个显著特点：一是马克思主义中国化是成为伟大中华民族的一部分而和这个民族血肉相联的中国共产党人推动的马克思主义；二是马克思主义中国化是按照中国的特点去运用的马克思主义；三是马克思主义

---

① 《毛泽东选集》第二卷，人民出版社1991年版，第521页。
② 《毛泽东选集》第二卷，人民出版社1991年版，第533页。

中国化是具有中国老百姓所喜闻乐见的中国作风和中国气派的马克思主义。因此，用马克思主义中国化来指导中国革命实践，这一实践必定是中国式的。

今天，我们正在进行的伟大事业，是"以中国式现代化全面推进中华民族伟大复兴"。这一伟大事业，是用马克思主义中国化来指导中国现代化的伟大实践。因此，这一伟大事业的实践主体是马克思主义中国化指导下的，成为伟大中华民族的一部分而和这个民族血肉相连的中国共产党人，是中国人民；实践客体是处于社会主义初级阶段和中华民族伟大复兴处于关键时刻的中国；在这样的主体和客体相互作用过程中推进的社会主义现代化实践，不仅在内容上体现了中国人的文化追求，而且在形式上也具有中华优秀传统文化的特色。因此，在马克思主义中国化指导下的中国现代化，必定是中国式现代化。

其次，"中国式现代化"体现了"马克思主义中国化"的主体性原则。"马克思主义中国化"强调中国的问题要由中国人自己来解决，由此决定了中国的现代化要靠中国人自己的探索来实现，要走中国式现代化道路。

历史告诉我们，毛泽东之所以能够在党的扩大的六届六中全会上提出"马克思主义中国化"不是偶然的。早在土地革命战争时期，他就已经在1930年5月写的《反对本本主义》中指出："马克思主义的'本本'是要学习的，但是必须同我国的实际情况相结合。我们需要'本本'，但是一定要纠正脱离实际情况的本本主义。"为此，他提出了两个重要的思想：一是"中国革命斗争的胜利要靠中国同志了解中国情况"；二是"没有调查，没有发言权"。[①]实践证明，毛泽东的这一思想是正确的，在一个半殖民地半封建的东方大国进行革命，既不能把马克思主义教条化、把共产国际决议和苏联经验神圣化，也不能让不了解中国情况的外国人来指手画脚，作出脱离中国实际的错误决策。这样强调理论和实践的主体性，正是马克思主义中国化的内在要求。

遵循"马克思主义中国化"这一主体性原则，我们在选择中国的现代化之路时，也要靠中国人自己的探索来实现，而不能让外国专家的观点或抄袭外国的观点来左右我们的探索，不能简单地照搬照抄外国的现代化经验。改革开放以来，我们积极主动地学习和借鉴世界各个国家包括资本主义国家的一切有益经验和文明成果，这是正确的。但是在对外开放中，尤其是在向世界各个国家现代化经验的学习借鉴中，我们始终坚持独立自主的方针，依靠自己的探索，创造自己的经验，探索自己的发展道路，而不迷失自我，甚至把外国经验或某个外国专家的观点和现代化做法奉为我国现代化的圭臬。我们的理念和做法是：中国的现代化要靠中国人自己的探索来实现，要走中国式现代化道路。

[①] 《毛泽东选集》第一卷，人民出版社 1991 年版，第 109—115 页。

再次,"中国式现代化"体现了马克思主义中国化恪守的实践论的认识规律。需要指出的是,"马克思主义中国化"是建立在人类认识规律基础之上的科学思想,由此决定了在马克思主义中国化引领下的中国现代化探索之路,也要遵循人类的认识规律,依靠自己的实践探索符合中国国情的中国式现代化道路。

在毛泽东提出和形成"马克思主义中国化"思想的进程中,不断遇到党内教条主义的质疑。那些教条主义者无法理解的是,既然马克思主义是"放之四海而皆准的普遍真理","放到中国"理所当然也"皆准",为什么这个"普遍真理""放到中国"还要与中国实践相结合。为回答这个问题,毛泽东在红军长征到达陕北后刻苦研读马克思主义哲学,并亲自给大家讲授马克思主义哲学,从马克思主义认识论上来阐明"理论和实践相结合"的道理。

毛泽东在《实践论》中,深刻地阐述了人类的认识要经过"从实践到认识,又从认识到实践"这样"两个飞跃"的认识规律。他指出,人的认识是从实践中来的,人在实践中首先获得的是感性认识,包括感觉和印象等,随着实践的继续,人们就会从感觉和印象中形成概念、作出判断和推理,并综合感觉的材料加以整理和改造,通过去粗取精、去伪存真、由此及彼、由表及里的思考和改造,使之上升到理性认识,揭示事物发展的本质和规律。但是,形成理性认识只是认识的第一次飞跃,并非意味着认识运动的完结。马克思主义哲学认为,认识运动如果只到理性认识为止，还只是走了一半的路程，而且是非十分重要的一半。因为，那还只是"解释世界"，而不是"改造世界"。毛泽东指出："认识的能动作用，不但表现于从感性的认识到理性的认识之能动的飞跃，更重要的还须表现于从理性的认识到革命的实践这一个飞跃。"[①]而来自实践的认识再回到实践中去的过程，既是理论指导实践的过程，更是实践检验理论和发展理论的过程。

毛泽东关于认识运动要经过"两个飞跃"的论述，不仅准确、深刻、精辟地概括了马克思主义的认识论，阐述了人类的认识规律，而且准确、深刻、精辟地回答了教条主义的质疑。毛泽东告诉人们，马克思主义来自无产阶级的革命实践，是"放之四海而皆准的普遍真理"，这毫无疑问是正确的，但是马克思主义在指导中国革命实践的时候，即再回到实践中去的时候，还要接受中国革命这一新的实践的检验，并在吸收中国革命实践创造的新鲜经验中得到丰富和发展。

马克思主义的实践论的认识论不仅从根本上回答了中国共产党为什么要坚持"马克思主义中国化"，也从根本上回答了中国共产党为什么要在今天坚持"中国式现代化"。今天，我们的根本任务是全面建设社会主义现代化国家，实现中华民族伟大复兴。马克思主义的认识论告诉我们，无论是马克思主义的现代化理论，还是世界各个国家的现代化理论，它们虽然来自现代化的实践，

---

① 《毛泽东选集》第一卷，人民出版社1991年版，第292页。

但在中国运用时还要接受中国现代化实践的检验，用中国现代化的新鲜经验去丰富和发展它。也正是这样的人类认识规律的作用，中国的现代化必定如同习近平总书记反复强调的，"既有各国现代化的共同特征，更有基于自己国情的中国特色"[①]。这就是中国的现代化为什么是"中国式现代化"最深刻的原因。

---

① 习近平：《高举中国特色社会主义伟大旗帜为全面建设社会主义现代化国家而团结奋斗——在中国共产党第二十次全国代表大会上的报告》，人民出版社2022年版，第22页。

第四章

理论逻辑：什么是『中国式现代化道路』

现代化的中国选择
中国选择
CHINA'S CHOICE OF MODERNIZATION

要讲清楚中华民族伟大复兴为什么要选择中国式现代化道路，不仅要从理论上讲清楚"为什么"，还要从理论上讲清楚"是什么"。"中国式现代化"的理论逻辑，主要就是由"为什么"和"是什么"这两个基础性问题构成的。只有从理论上讲清楚中国式现代化"是什么"，才能更好地理解中国的现代化为什么非要走"中国式现代化道路"。因为，从根本上说，现代化的中国选择是由中国的基本国情特别是中国的历史文化特点决定的，同时也是由中国式现代化道路的自身特点和本质要求决定的。

第一节　中国式现代化是中国共产党领导的社会主义现代化

党的二十大报告指出："在新中国成立特别是改革开放以来长期探索和实践基础上，经过十八大以来在理论和实践上创新突破，我们党成功推进和拓展了中国式现代化。"与此同时，报告强调："中国式现代化，是中国共产党领导的社会主义现代化，既有各国现代化的共同特征，更有基于自己国情的中国特色。"[①]毫无疑问，中国共产党的领导是中国式现代化的根本保障和最大优势，直接关系中国式现代化的根本方向、前途命运、最终成败。

为什么这样说呢？

---

① 习近平：《高举中国特色社会主义伟大旗帜 为全面建设社会主义现代化国家而团结奋斗——在中国共产党第二十次全国代表大会上的报告》，人民出版社2022年版，第22页。

从历史看，中国式现代化是中国共产党领导中国人民推动和创造的，没有中国共产党就没有新中国，就没有中国式现代化。

《没有共产党就没有新中国》这首1943年诞生于今北京市房山区霞云岭乡堂上村的歌谣，以发自人民群众内心的激情和地方民歌跳动的旋律，把"没有共产党就没有新中国"的道理唱遍了大江南北。歌名和歌词中的"新"，是毛泽东加上去的，从而使得群众热爱共产党的朴素情怀成为科学的真理。正是由于中国共产党领导中国人民当家作主，创建了新中国，中国人民才得以真正踏上现代化的征程，创造了中国式现代化。

应该讲，实现现代化，实现中华民族伟大复兴，是近代以来中国人民的共同梦想。无数仁人志士为此苦苦求索、进行各种尝试，但都以失败告终。于是，探索中国式现代化道路的重任，历史地落在了中国共产党人身上。

中国共产党人没有辜负历史的重托，在百年奋斗的四个历史阶段，为中国式现代化创造了根本社会条件，奠定了根本政治前提和宝贵经验、理论准备、物质基础，提供了充满新的活力的体制保证和快速发展的物质条件，创造性地提出了中国式现代化的理论和战略、目标和任务，取得了一系列历史性成就。正如习近平总书记反复指出的，在新民主主义革命时期，党团结带领人民，浴血奋战、百折不挠，经过北伐战争、土地革命战争、抗日战争、解放战争，推翻帝国主义、封建主义、官僚资本主义三座大山，建立了人民当家作主的中华人民共和国，实现了民族独立、人民解放，为实现现代化创造了根本社会条件。新中国成立后，党团结带领人民进行社会主义革命，消灭在中国延续几千年的封建制度，确立社会主义基本制度，实现了中华民族有史以来最为广泛而深刻的社会变革，建立起独立的比较完整的工业体系和国民经济体系，社会主义革命和建设取得了独创性理论成果和巨大成就，为现代化建设奠定根本政治前提和宝贵经验、理论准备、物质基础。改革开放和社会主义建设新时期，党作出把党和国家工作中心转移到经济建设上来、实行改革开放的历史性决策，大力推进实践基础上的理论创新、制度创新、文化创新以及其他各方面创新，实行社会主义市场经济体制，实现了从生产力相对落后的状况到经济总量跃居世界第二的历史性突破，实现了人民生活从温饱不足到总体小康、奔向全面小康的历史性跨越，为中国式现代化提供了充满新的活力的体制保证和快速发展的物质条件。

尤其是党的十八大以来，党在已有基础上继续前进，不断实现理论和实践上的创新突破，成功推进和拓展了中国式现代化。我们在认识上不断深化，创立了习近平新时代中国特色社会主义思想，实现了马克思主义中国化时代化新的飞跃，为中国式现代化提供了根本遵循。我们进一步深化对中国式现代化的内涵和本质的认识，科学地概括了中国式现代化的中国特色、本质要求和重大原则，初步构建中国式现代化的理论体系，使中国式现代化更加清晰、更加科学、更加可感可行。与此同时，我们在战略上不断完善，深入实施科教兴国战略、人才强国战略、乡村振兴战略等一系列重大战略，为中国式现代化提供坚实战略支撑；我们在实践上不断丰富，推进一系列变革性实践、实现一系列突破性进展、取得一系列标志性成果，推动党和国家事业取得历史性成就、发生历史性变革，特别是消除了绝对贫困问题，全面建成小康社会，为中国式现代化提供了更为完善的制度保证、更为坚实的物质基础、更为主动的精神力量。

总之，一部中国现代化启动、推进和发展的历史，就是中国共产党和中国人民团结奋斗，创造中国式现代化的历史。没有中国共产党，就没有中国式现代化。

从现实看，中国式现代化的领导核心就是中国共产党。

在中国，有一条几乎人人皆知的道理：办好中国的事情，关键在党。这是因为，领导我们事业的核心力量是中国共产党。党政军民学，东西南北中，党是领导一切的。由此决定了中国特色社会主义最本质的特征是中国共产党领导，中国特色社会主义制度的最大优势是中国共产党领导，党是最高政治领导力量。改革开放的历史经验也告诉我们，有了中国共产党的领导，在探索现代化的道路上，各种困难就能克服，各种挑战就能应对，即使像20世纪80年代末90年代初国内外政治风波这样的惊涛骇浪都能够战胜。但是，一旦对党的领导认识模糊、行动乏力，甚至弱化、虚化、淡化、边缘化党的领导，其后果就是党心涣散、民心游离，党和国家的事业受损。因此，我们在任何时候都要始终坚持党的领导，这确确实实是一条颠扑不破的真理。在推进中国式现代化进程中，这也是必须永远牢记的颠扑不破的真理。

在中国，为什么党能够领导一切，能够领导中国式现代化，这是由中国共产党的初心使命和性质宗旨，以及党的组织体系和领导能力等独特优势决定的。"为中国人民谋幸福，为中华民族谋复兴"是中国共产党的初心使命，以中国式现代化全面推进中华民族伟大复兴就是由这样的初心使命决定的。中国共产党是中国工人阶级的先锋队，同时是中国人民和中华民族的先锋队，是中国特色社会主义事业的领导核心，代表中国先进生产力的发展要求，代表中国先进文化的前进方向，代表中国最广大人民的根本利益。在中国，这个党除了工人阶级和最广大人民群众的利益，没有自己特殊的利益，始终秉持"全心全意为人民服务"的根本宗旨。党的这一性质和宗旨，不仅决定了中国共产党要承担起实现中国式现代化的任务，而且要确保这样的现代化是为广大人民群众共享的现代化。与此同时，中国共产党在组织上覆盖了中国的党政军民学、东西南北中，包括企业、农村、机关、学校、科研院所、街道社区、社会组织、人民解放军连队和其他基层单位，并且实行的是民主集中制的组织原则，能够团结和动员、组织各个方面的人民群众投身于社会主义现代化建设。更为重要的是，中国共产党特别注重能力建设，具有把方向、谋大局、定政策、促改革的能力和定力。也就是说，中国共产党具有"初心"+"使命"、"性质"+"宗旨"、"组织"+"能力"的优势，再加上"勇于自我革命"的品格，能够始终"总揽全局、协调各方"，把社会主义现代化建设的方方面面规划好、实施好，让鲜艳的中国式现代化之花在广袤的中华大地上结出丰硕的中国式现代化之果，让丰硕的中国式现代化之果为14亿多中国人民共享而不是为少数人享有。这也是作为社会主义现代化的中国式现代化和资本主义国家现代化的根本不同。

所以，我们说中国式现代化的领导核心是中国共产党。中国共产党的领导不仅决定中国式现代化的根本性质，而且能够确保中国式现代化锚定奋斗目标行稳致远，激发建设中国式现代化的强劲动力，凝聚建设中国式现代化的磅礴力量。

从未来看，惟有中国共产党的领导才能从根本上保证中国式现代化的实现。

在世界上任何一个国家，实现现代化都是一个过程。但这并不是说一旦启动和进入这个过程就会一马平川、一帆风顺，事实上，世界上不少国家在高歌挺进现代化的征程上翻了车。在中国，中国式现代化不仅是在中国共产党领导下推动和创造的，而且由于中国共产党是中国式现代化的领导核心，必将从根本上保证中国式现代化的实现。也就是说，中国式现代化光明灿烂的未来，就取决于中国共产党坚强有力的领导，就取决于中国共产党和中国人民的团结奋斗。

这是因为，中国共产党作为辩证唯物主义和历史唯物主义世界观和方法论武装起来的马克思主义执政党，具有科学的领导力和决策力，能够在大风大浪中为中国式现代化这艘大船把好舵，掌握好前进的方向。我们只有毫不动摇坚持党的领导，中国式现代化才能前景光明、繁荣兴盛；否则就会偏离航向、丧失灵魂，甚至犯颠覆性错误。

这是因为，中国共产党作为人民的党，具有理论联系实际、密切联系群众、批评和自我批评等优良作风，能够始终坚持党的群众路线，坚持以人民为中心的发展思想，发展全过程人民民主，充分激发全体人民的主人翁精神，为实现中国式现代化而团结奋斗。

这是因为，中国共产党作为充满青春活力的朝气蓬勃的革命党，具有开拓创新的革命精神和红色基因，能够既勇于改革创新，不断破除各方面体制机制弊端，为中国式现代化注入不竭动力，又勇于自我革命，为中国式现代化注入内在活力。

这是因为，中国共产党作为在百年奋斗中淬炼出来的马克思主义政党，具有敢于斗争、善于斗争的光荣传统和坚韧意志，能够"咬定青山不放松"，对我们党的奋斗目标一以贯之，一代一代地接力推进，即使取得了举世瞩目、彪炳史册的辉煌业绩也不停步，在中国式现代化道路上踔厉奋发、勇毅前行。

综上所述，无论从历史来看，还是从现实和未来来看，中国式现代化的性质和方向、动力和保障、优势和前景，都取决于中国共产党的领导。所以，我们说中国式现代化是中国共产党领导的社会主义现代化。

第二节　中国式现代化道路的"中国特色"

要了解什么是"中国式现代化",既要了解中国在现代化方面做了些什么,更要了解其有哪些不同于西方国家现代化的中国特色。正如习近平总书记反复强调我们也反复引用的,一个国家走向现代化,既要遵循现代化一般规律,更要符合本国实际,具有本国特色。

中国式现代化是"现代化",这是首先要明确的。毫无疑问,各国的现代化有着许多共同特征,比如现代工业、现代科技、现代管理、现代民主、现代法治等。在人类文明史上,"现代化"源于"工业文明"但又超越了"工业文明",今天已经和"信息社会""数字时代"紧密相联系,成为一种人类普遍追求的文明形态。中国的现代化作为后发现代化,毫无疑问,要学习和借鉴世界各国包括西方发达国家的现代化经验,我们从来不回避这一点。

中国式现代化，就是在中国为实现现代化而奋斗的历史进程中持续推进的。自新中国成立以来，中国共产党领导全国各族人民为实现现代化做了大量的工作。且不说我们在第一个五年计划时期大规模工业化建设奠定的工业基础，也不说我们在20世纪60年代就已经确立了实现"四个现代化"的奋斗目标，并依靠自己的力量逐步建立了独立的比较完整的工业体系和国民经济体系。自从党的十一届三中全会把全党的工作重点转移到社会主义现代化建设上来以后，一直到中国特色社会主义进入新时代，我们在探索中国式现代化的道路上，在工业化、城镇化、农业现代化、市场化、信息化等方面，做了大量的工作，取得了骄人的成就。纵览我国现代化建设的历史进程和中国今天在经济、政治、文化、社会和生态文明建设等各个领域发生的天翻地覆变化，特别是在数字经济、数字社会、数字政府方面取得的突飞猛进的进展，中国式现代化毫无疑问具有现代化的共同特征。

同时，更需要指出的是，尽管现代化是伴随着发生在西方的工业革命而出现的人类文明成果，很容易被误解为甚至等同于西方化，但是世界各国现代化的实践证明，现代化与西方化之间不能简单地画等号。它们在各种不同社会不同历史文化背景下必定会呈现出不同的实现途径和表现形式。且不说世界上公认的东亚现代化与西方现代化不完全相同，就是在西方国家那里，"盎格鲁—撒克逊模式"和"莱茵模式"、"斯堪的纳维亚模式"也不完全一样。中国共产党在中国现代化进程中既借鉴了世界各国现代化的经验，又没有照抄照搬苏联和西方的现代化模式。这是因为，中国不仅具有悠久且没有中断过的文化传统，而且和西方文明在价值观和行为方式等方面具有很大的差异。由此决定了中国的现代化，无论在实现途径上，还是在表现形式上，都会有许多不同于西方现代化的鲜明特色。我们学习和借鉴世界各国的现代化经验，目的不是要亦步亦趋，完全照搬人家的现代化，更不是要搞西方那样的资本主义现代化，而是要为我所用，建设中国特色社会主义，实现社会主义现代化。我们从来没有回避过这一点。这是我们在为实现现代化而经历的历史探索中获得的最重要的认识。

对于我们的现代化，习近平总书记给出了定性和定义，叫"中国式现代化"。2021年7月1日，在庆祝中国共产党成立100周年大会上，习近平总书记第一次提出"中国式现代化"这一概念。他在论述"以史为鉴、开创未来，必须坚持和发展中国特色社会主义"的时候，精辟指出："我们坚持和发展中国特色社会主义，推动物质文明、政治文明、精神文明、社会文明、生态文明协调发展，创造了中国式现代化新道路，创造了人类文明新形态。"[1]我们注意到，习近平总书记在这里提出我们"创造了中国式现代化新道路"的同时，强调我们"创造了人类文明新形态"。从"人类文明新形态"的角度，来定义"中国式现代化"，也要求我们从人类文明史的大历史观来把握"中国式现代化"。

---

[1] 习近平：《在庆祝中国共产党成立100周年大会上的讲话》，人民出版社2021年版，第13—14页。

什么是"中国式现代化"？搞清楚这个问题的关键，在于搞清楚什么是中国式现代化的"中国特色"。在党的十九届五中全会第二次全体会议上，习近平总书记全面论述了这一问题。他指出："我国建设社会主义现代化具有许多重要特征。世界上既不存在定于一尊的现代化模式，也不存在放之四海而皆准的现代化标准。邓小平同志说过：'我们搞的现代化，是中国式的现代化。我们建设的社会主义，是有中国特色的社会主义。'我们所推进的现代化，既有各国现代化的共同特征，更有基于国情的中国特色。"就在这次全会上，习近平总书记首次概括了中国式现代化五大"基于中国国情的中国特色"。他指出："第一点，我国现代化是人口规模巨大的现代化。我国14亿人口要整体迈入现代化社会，其规模超过现有发达国家的总和，将彻底改写现代化的世界版图，在人类历史上是一件有深远影响的大事。第二点，我国现代化是全体人民共同富裕的现代化。共同富裕是中国特色社会主义的本质要求，我国现代化坚持以人民为中心的发展思想，自觉主动解决地区差距、城乡差距、收入分配差距，促进社会公平正义，逐步实现全体人民共同富裕，坚决防止两极分化。第三点，我国现代化是物质文明和精神文明相协调的现代化。我国现代化坚持社会主义核心价值观，加强理想信念教育，弘扬中华优秀传统文化，增强人民精神力量，促进物的全面丰富和人的全面发展。第四点，我国现代化是人与自然和谐共生的现代化。我国现代化注重同步推进物质文明建设和生态文明建设，走生产发展、生活富裕、生态良好的文明发展道路，否则资源环境的压力不可承受。第五点，我国现代化是走和平发展道路的现代化。一些老牌资本主义国家走的是暴力掠夺殖民地的道路，是以其他国家落伍为代价的现代化。我国现代化强调同世界各国互利共赢，推动构建人类命运共同体，努力为人类和平与发展作出贡献。"他还指出，"实践证明，中国式现代化既切合中国实际，体现了社会主义建设规律，也体现了人类社会发展规律。我国要坚定不移推进中国式现代化，以中国式现代化推进中华民族伟大复兴，不断为人类作出新的更大贡献。"[1]这五大"中国特色"既是经验总结，也是理论概括，深刻揭示了中国式现代化的科学内涵。新中国成立特别是改革开放以来，我们用几十年时间走完西方发达国家几百年走过的工业化历程，为中华民族伟大复兴开辟了广阔前景。实践证明，具有这五大"中国特色"的中国式现代化走得通、行得稳，是强国建设、民族复兴的唯一正确道路。也正因为如此，这五大"中国特色"被写进了党的二十大报告。

那么，为什么说搞清楚"中国式现代化"的关键，就在于搞清楚什么是中国式现代化的"中国特色"呢？

第一，这五大"中国特色"意味着中国式现代化破解了人类社会发展的诸多难题，摒弃了西方现代化的老路，为人类实现现代化提供了新的选择。正如习近平总书记在党的十九届六中全会

---

[1] 《习近平谈治国理政》第四卷，外文出版社2022年版，第123—124页。

第二次全会上明确指出的："我们党领导人民不仅创造了世所罕见的经济快速发展和社会长期稳定两大奇迹，而且成功走出了中国式现代化道路，创造了人类文明新形态。这些前无古人的创举，破解了人类社会发展的诸多难题，摒弃了西方以资本为中心的现代化、两极分化的现代化、物质主义膨胀的现代化、对外扩张掠夺的现代化老路。"也就是说，中国式现代化不是以资本为中心而是人口规模巨大的并以人民为中心的现代化，不是两极分化而是以全体中国人民共同富裕为最终目的的现代化，不是物质主义膨胀而是物质文明和精神文明相协调的现代化，不是竭泽而渔而是人与自然和谐共生的现代化，不是对外扩张掠夺而是走和平发展道路的现代化。正是在这个意义上，我们说中国式现代化"拓展了发展中国家走向现代化的途径，为人类更好社会制度的探索提供了中国方案"。[1]

第二，这五大"中国特色"强调现代化必须基于中国的基本国情。中国共产党的实事求是思想路线要求我们，做什么事都要从实际出发。过去搞革命要从中国实际出发，今天搞现代化也要从中国实际出发。最大的实际，就是中国的基本国情。正如习近平总书记在党的二十大报告中论述中国式现代化的"中国特色"时所指出的："我们始终从国情出发想问题、作决策、办事情，既不好高骛远，也不因循守旧，保持历史耐心，坚持稳中求进、循序

---

[1] 习近平：《以史为鉴、开创未来埋头苦干、勇毅前行》，《求是》2022年第1期，第9页。

渐进、持续推进。"①一句话，中国式现代化就是适合中国国情的现代化。

第三，这五大"中国特色"强调现代化要坚持以人民为中心的发展思想，要以人民对美好生活的向往作为社会主义现代化建设的出发点和落脚点。资本主义现代化，奉行的是"以资本为中心"。中国式现代化是社会主义现代化，强调的是一切为了人民、一切依靠人民，这是中国共产党的初心使命和性质宗旨的要求。"以人民为中心"的发展思想，是中国共产党在现代化进程中提出的重要思想，和以资本为中心的发展思想根本对立。我们讲我国的现代化是14亿多人民整体迈入现代化社会的，人口规模巨大的现代化。这不仅是一个量的定性，而且是一个质的定性，即是以14亿多中国人民为中心的现代化。不仅如此，坚持以人民为中心的现代化，还要让14亿多中国人民都能够从现代化中享受到"美好生活"的获得感、幸福感、安全感。正如习近平总书记在党的二十大报告中强调的："我们坚持把实现人民对美好生活的向往作为现代化建设的出发点和落脚点，着力维护和促进社会公平正义，着力促进全体人民共同富裕，坚决防止两极分化。"②正是在

---

① 习近平：《高举中国特色社会主义伟大旗帜为全面建设社会主义现代化国家而团结奋斗——在中国共产党第二十次全国代表大会上的报告》，人民出版社2022年版，第22页。

② 习近平：《高举中国特色社会主义伟大旗帜为全面建设社会主义现代化国家而团结奋斗——在中国共产党第二十次全国代表大会上的报告》，人民出版社2022年版，第22页。

这个意义上，我们说中国式现代化是以人民为中心的现代化，是以全体中国人民共同富裕为最终目的的现代化。不仅如此，中国式现代化的五大"中国特色"，包括"物质文明和精神文明相协调""人与自然和谐共生""走和平发展道路"，等等，从根本上说，都是由"以人民为中心"的发展思想决定和派生出来的。

第四，这五大"中国特色"强调物质富足和精神富有是社会主义现代化的根本要求。在改革开放之初，中国共产党人就已经在拨乱反正中认识到，物质贫困不是社会主义，精神贫乏也不是社会主义。现代化要让人民过上富足的物质生活，但决不能导致物质主义膨胀和理想信念动摇、思想道德滑坡，物质文明和精神文明要"两手抓，两手都要硬"。即使是"全体人民共同富裕的现代化"，也是全体人民能够达到"物质富足"和"精神富有"即"两富"的现代化。经过国内外政治风波的考验和对西方现代化的反思，我们今天对此认识更深刻，也更坚定。党的二十大报告已经把"物质富足、精神富有"作为"社会主义现代化的根本要求"提出来[1]，对此我们要有深刻的认识。我们在推进中国式现代化进程中，要不断厚植现代化的物质基础，不断夯实人民幸福生活的物质条件，同时要大力发展社会主义先进文化，加强理想信念教育，传承中华文明，促进物的全面丰富和人的全面发展。

---

[1] 习近平：《高举中国特色社会主义伟大旗帜 为全面建设社会主义现代化国家而团结奋斗——在中国共产党第二十次全国代表大会上的报告》，人民出版社2022年版，第22页。

第五,这五大"中国特色"强调现代化要统筹国家的眼前利益和未来发展,统筹物质文明建设和生态文明建设,实现中华民族永续发展。我们向现代化进军,坚持以人民为中心的发展思想,确实要解决人民群众面临的贫穷落后等各种问题,但不是仅仅满足人民群众一时的需要,而要未雨绸缪,立足当前,着眼长远,坚持能够造福子孙后代的可持续发展。世界各国的现代化历史和经验教训已经反复告诉我们,人与自然是生命共同体,无止境地向自然索取甚至破坏自然必然会遭到大自然的报复。改革开放以来,中国共产党已经在实践中蹚出一条实现现代化的新路,这就是:坚定不移走生产发展、生活富裕、生态良好的文明发展道路。只有这样,我们才能在中国式现代化进程中实现中华民族永续发展。

第六,这五大"中国特色"强调要坚定站在历史正确的一边、站在人类文明进步的一边。现代化,不仅是一个国家历史进程,更是一个世界历史进程。这从现代化的发生和发展历史中,已经可以清晰地看出。因此,中国式现代化也必定具有世界历史的意义。这种意义,将表现在两个方面:一是作为坚持走和平发展道路的中国式现代化,坚定维护世界和平与发展中谋求自身发展,又以自身发展更好维护世界和平与发展。如党的二十大报告所指出的:"我国不走一些国家通过战争、殖民、掠夺等方式实现现代化的老路,那种损人利己、充满血腥罪恶的老路给广大发展中国家人民带来深重苦难。"[①]我们将始终高举和平、发展、合作、共赢的旗帜，为人类和平与发展事业做出我们的贡献。二是具有五大"中国特色"的中国式现代化，整体上也为人类实现现代化提供了新的选择，尤其为发展中国家实现现代化提供了新的选择。这两个方面的意义，归结起来，就是党的二十大报告强调的一句话，"站在历史正确的一边，站在人类文明进步的一边"。[②]

第七，中国式现代化还是"进行时"，提炼出这五大"中国特色"并非说中国式现代化已经是"完成时"，还需要我们进行长期的艰苦奋斗。我们注意到，2023年2月7日习近平总书记在新进中央委员会的委员、候补委员和省部级主要领导干部专题研讨班上，论述中国式现代化的五大"中国特色"时，一方面指出："党的二十大报告明确概括了中国式现代化5个方面的中国特色，深刻揭示了中国式现代化的科学内涵。这既是理论概括，也是实践要求，为全面建成社会主义现代化强国、实现中华民族伟大复兴指明了一条康庄大道。"另一方面又指出："康庄大道并不等于一马平川。要把中国式现代化5个方面的中国特色变为成功实践，

---

① 习近平：《高举中国特色社会主义伟大旗帜 为全面建设社会主义现代化国家而团结奋斗——在中国共产党第二十次全国代表大会上的报告》，人民出版社2022年版，第23页。

② 习近平：《高举中国特色社会主义伟大旗帜 为全面建设社会主义现代化国家而团结奋斗——在中国共产党第二十次全国代表大会上的报告》，人民出版社2022年版，第23页。

把鲜明特色变成独特优势，需要付出艰巨努力。"[①]这里展现的是一种科学的精神。也就是说，我们选择的中国式现代化道路，是经过长期历史求索才找到的唯一正确的道路；同时，这条道路还在继续着，还在实践着，并非是说中国式现代化已经大功告成，已经是"完成时"。事实上，习近平总书记在党的二十大报告论述中国式现代化是14亿多人口整体迈入现代化社会的人口规模巨大的现代化时，强调此事"艰巨性和复杂性前所未有"；在论述中国式现代化是共同富裕的现代化时，强调这"也是一个长期的历史过程"；在论述中国式现代化是实现两个文明协调发展的现代化时，用的词句是"不断厚植""不断夯实""大力发展"等"进行时"的词句；等等。这一切都展现出了中国共产党人的清醒，同时也表达了中国共产党人坚定不移为实现中国式现代化而准备进行长期斗争的决心和信心。

---

① 习近平：《中国式现代化是强国建设、民族复兴的康庄大道》，《求是》2023年第16期，第4页。

第三节　中国式现代化道路的本质要求和应对风险挑战的重大原则

要了解什么是"中国式现代化道路",不仅要了解这条道路有哪些不同于西方国家现代化的中国特色,还要了解这条道路的本质要求。更为重要的是,要未雨绸缪,在推进中国式现代化时准备经受可以预料的和难以预料的各种重大挑战,准备进行具有许多新的历史特点的伟大斗争,为此必须牢牢把握应对挑战的重大原则。

什么是中国式现代化道路的本质要求?党的二十大报告对此有明确的论断,指出:"中国式现代化的本质要求是:坚持中国共产党领导,坚持中国特色社会主义,实现高质量发展,发展全过程人民民主,丰富人民精神世界,实现全体人民共同富裕,促进人与自然和谐共生,推动构建人类命运共同体,创造人类文明新形态。"①二十大报告提出的"中国式现代化的本质要求"这个概念，在党的文献中是第一次；二十大报告关于中国式现代化本质要求的概括和论断，在党的文献中也是第一次。"本质要求"就其"本质"而言是中国式现代化固有的根本属性，即决定中国式现代化之所以是中国式现代化的根本属性，就其"要求"而言则是中国式现代化力图达到的目标或任务以及实现途径，本质要求也就是中国式现代化固有的根本属性及其要达到的目标或任务以及实现途径。如果说"中国特色"讲的是中国式现代化与西方式现代化相区别的基本特点或特征，那么，"本质要求"强调的则是中国式现代化的根本属性及其致力于达到的目标和任务以及实现途径。

二十大报告关于中国式现代化本质要求的概括，强调了三个层次问题。第一层次，强调的是中国式现代化的根本属性以及根本实现途径，这就是"坚持中国共产党领导，坚持中国特色社会主义"。第二层次，强调的是中国式现代化要达到的五大国内目标或任务，即经济建设上实现高质量发展，政治建设上发展全过程人民民主，文化建设上丰富人民精神生活，社会建设上实现全体人民共同富裕，生态文明建设上促进人与自然和谐共生。显然，这是在中国共产党领导下建设中国特色社会主义的"五位一体"总体布局，也是中国式现代化根本属性要达到的五大目标或任务

---

① 习近平：《高举中国特色社会主义伟大旗帜 为全面建设社会主义现代化国家而团结奋斗——在中国共产党第二十次全国代表大会上的报告》，人民出版社2022年版，第23—24页。

以及实现途径。第三层次，强调的是中国式现代化为人类文明进步承担的使命任务和要达到的两大目标及其重要实现途径，即推动构建人类命运共同体，创造人类文明新形态。这三个层次的科学论断，相互联系，融会贯通，阐明了中国式现代化的根本属性及其要达到的目标和任务以及实现途径。

可以说，中国式现代化已经形成了初步的理论体系。这一理论体系的核心内容，就是关于中国式现代化的"中国特色"和"本质要求"两个方面的重要论断。因此，习近平总书记深刻指出，中国式现代化，深深植根于中华优秀传统文化，体现科学社会主义的先进本质，借鉴吸收一切人类优秀文明成果，代表人类文明进步的发展方向，展现了不同于西方现代化模式的新图景，是一种全新的人类文明形态。中国式现代化，打破了"现代化＝西方化"的迷思，展现了现代化的另一幅图景，拓展了发展中国家走向现代化的路径选择，为人类对更好社会制度的探索提供了中国方案。中国式现代化蕴含的独特世界观、价值观、历史观、文明观、民主观、生态观等及其伟大实践，是对世界现代化理论和实践的重大创新。中国式现代化为广大发展中国家独立自主迈向现代化树立了典范，为其提供了全新选择。

需要指出的是，党的二十大报告在阐述了中国式现代化的"中国特色"和"本质要求"，以及全面建成社会主义现代化强国总的战略包括到2035年的总体目标和未来5年的主要目标后，特别强调："全面建设社会主义现代化国家，是一项伟大而艰巨的事业，前途光明，任重道远。"①一是世界进入新的动荡变革期。当前，世界百年未有之大变局加速演进，国际力量对比深刻调整；新一轮科技革命和产业革命深入发展，我国发展面临新的战略机遇。同时，世纪疫情影响深远；逆全球化思潮抬头，单边主义、保护主义明显上升，世界经济复苏乏力；加上局部冲突和动荡频发，全球性问题加剧，我国发展的国际环境面临变乱交织的复杂局面和严峻挑战。二是我国发展进入战略机遇和风险挑战并存、不确定难预料因素增多的时期。我国比历史上任何时期都更接近、更有信心和能力实现中华民族伟大复兴的目标。同时，我国改革发展稳定面临不少深层次矛盾躲不开、绕不过；党的建设特别是党风廉政建设和反腐败斗争面临不少顽固性、多发性问题；来自外部的打压遏制随时可能升级，各种"黑天鹅""灰犀牛"事件随时可能发生。显然，这是提醒、告诫，同时也要求我们思考一个重大的选择性问题：面临国内外形势如此深刻复杂的变动，我们应该怎么办。党的二十大对此有明确的回答："我们必须增强忧患意识，坚持底线思维，做到居安思危、未雨绸缪，准备经受风高浪急甚至惊涛骇浪的重大考验。"②

---

① 习近平：《高举中国特色社会主义伟大旗帜为全面建设社会主义现代化国家而团结奋斗——在中国共产党第二十次全国代表大会上的报告》，人民出版社2022年版，第26页。

② 习近平：《高举中国特色社会主义伟大旗帜为全面建设社会主义现代化国家而团结奋斗——在中国共产党第二十次全国代表大会上的报告》，人民出版社2022年版，第26页。

为经受如此重大的考验，党的二十大报告提出了我们在前进道路上必须牢牢把握的五项"重大原则"：

一是坚持和加强党的全面领导。领导我们事业的核心力量是中国共产党，在面临风险挑战的时候更要坚持和加强党的领导，这是我们时时刻刻必须牢记的成功经验。新时代新征程上把中国特色社会主义事业推向前进，尤其要遵循党的二十大通过的关于十九届中央委员会报告的决议提出的要求："最紧要的是深刻领悟'两个确立'的决定性意义，增强'四个意识'、坚定'四个自信'、做到'两个维护'，自觉在思想上政治上行动上同以习近平同志为核心的党中央保持高度一致。"[1]正如党的二十大报告指出的，我们在任何时候都要"坚决维护党中央权威和集中统一领导，把党的领导落实到党和国家事业各领域各方面各环节，使党始终成为风雨来袭时全体人民最可靠的主心骨，确保我国社会主义现代化建设正确方向，确保拥有团结奋斗的强大政治凝聚力、发展自信心，集聚起万众一心、共克时艰的磅礴力量"[2]。

二是坚持中国特色社会主义道路。我们知道，中国式现代化是在党带领人民开辟中国特色社会主义道路的时候找到的。坚持中国特色社会主义，就是坚持中国式现代化的政治方向；脱离中

---

[1] 《中国共产党第二十次全国代表大会在京闭幕》，《人民日报》2022年10月23日。

[2] 习近平：《高举中国特色社会主义伟大旗帜为全面建设社会主义现代化国家而团结奋斗——在中国共产党第二十次全国代表大会上的报告》，人民出版社2022年版，第26—27页。

国特色社会主义，就会迷失中国式现代化的发展方向。与此同时，必须懂得在推进中国式现代化时坚持中国特色社会主义道路，不是一句空话。其根本要求，就是党的二十大报告指出的："坚持以经济建设为中心，坚持四项基本原则，坚持改革开放，坚持独立自主、自力更生，坚持道不变、志不改，既不走封闭僵化的老路，也不走改旗易帜的邪路，坚持把国家和民族发展放在自己力量的基点上，坚持把中国发展进步的命运牢牢掌握在自己手中。"①

三是坚持以人民为中心的发展思想。中国式现代化就是以人民为中心的现代化，人民也是中国式现代化的底气所在。我们在推进中国式现代化时，遇到任何风险挑战，只要紧紧依靠亿万人民，就一定能够化险为夷、攻坚克难，创造奇迹。为此，我们就要像党的二十大报告指出的那样，"维护人民根本利益，增进民生福祉，不断实现发展为了人民、发展依靠人民、发展成果由人民共享，让现代化建设成果更多更公平惠及全体人民"。

四是坚持深化改革开放。我们要像党的二十大报告指出的那样，在推进中国式现代化进程时，特别是在遇到风高浪急甚至惊涛骇浪的考验时，深入推进改革创新，坚定不移扩大开放，着力破解深层次体制机制障碍，不断彰显中国特色社会主义制度优势，不断增强社会主义现代化建设的动力和活力，把我国制度优势更

---

① 习近平：《高举中国特色社会主义伟大旗帜为全面建设社会主义现代化国家而团结奋斗——在中国共产党第二十次全国代表大会上的报告》，人民出版社2022年版，第27页。

好转化为国家治理效能。

五是坚持发扬斗争精神。要准备进行许多具有新的历史特点的伟大斗争，这是中国特色社会主义进入新时代之后，党中央提出的任务。在中国式现代化遇到各种风险挑战时，我们更要发扬共产党人的斗争精神。正如党的二十大报告指出的，要增强全党全国各族人民的志气、骨气、底气，不信邪、不怕鬼、不怕压，知难而进、迎难而上，统筹发展和安全，全力战胜前进道路上各种困难和挑战，依靠顽强斗争打开事业发展新天地。[1]

总之，我们搞清楚什么是中国式现代化的"中国特色"，搞清楚什么是中国式现代化的"本质要求"，搞清楚我们推进中国式现代化将面临什么样的风险挑战，以及应对风险挑战必须牢记的"重大原则"，就是要坚定信心、锐意进取，主动识变应变求变，主动防范化解风险，不断夺取全面建设社会主义现代化国家新胜利！

---

[1] 习近平：《高举中国特色社会主义伟大旗帜为全面建设社会主义现代化国家而团结奋斗——在中国共产党第二十次全国代表大会上的报告》，人民出版社2022年版，第27页。

第四节　作为人类文明新形态的中国式现代化道路

什么是"中国式现代化"？除了要了解中国式现代化是中国共产党领导的现代化，中国式现代化的"中国特色"和"本质要求"以及在应对风险挑战时必须牢记的"重大原则"，还要了解中国式现代化是一种人类文明的新形态。

这个重大命题，是2021年7月1日习近平总书记在庆祝中国共产党成立100周年大会上提出的。他说："我们坚持和发展中国特色社会主义，推动物质文明、政治文明、精神文明、社会文明、生态文明协调发展，创造了中国式现代化新道路，创造了人类文明新形态。"[①]

[①] 习近平：《在庆祝中国共产党成立100周年大会上的讲话》，人民出版社2021年版，第13—14页。

为什么说我们在创造中国式现代化道路时,创造的是一种人类文明新形态?

首先,文化在现代化进程中的作用决定了不同文化背景下推进的现代化必定会形成不同文明形态的现代化。应该讲,"现代化"在人类文明发展历史上,本身就是一种文明形态。这是同几千年的农耕文明相对应,并从中经过工业革命脱胎而来的文明形态。由于这种文明形态最初是在欧洲资产阶级革命和工业革命中出现的,因此在一个很长的时间里,人们总是把欧洲或西方的"工业化"等同于"现代化"。这种工业化由此也被称为"欧化""西化"。中国人最初也是把"欧化""西化"作为自强的目标,但很快就认识到这种"欧化""西化"不是具有悠久文明传统的中国人自强的最佳选择,于是用"科学化"和"现代化"来取代"欧化""西化",指出"现代化"包括"欧化""西化",但不等于"欧化""西化"。随着现代化在世界各地推进,特别是二战以后东亚一些国家和地区步入现代化后,人们注意到没有像日本那样"脱亚入欧"的那些儒家文化背景下的国家和地区,也能实现现代化。而且,现代化在不同文化背景下可以有不同的文明形态及其表现形式。更重要的是,在这个过程中,人们越来越认识到,现代化不仅是物质文明意义上的工业化,也不仅是政治文明意义上的民主化,还有精神文明意义上的现代化即文明化。而这种精神文明意义上的现代化,实质是人的现代化,是更深层次的现代化。随着人们对"现代化"的认识越来越深刻,文化在现代化中的作用更为人们瞩目，不同文化背景可以形成不同文明形态的现代化认知也就为越来越多的人所认同。懂得了这个道理，就可以懂得为什么在中国推进现代化建设的时候，会创造出中国式现代化，创造出这一人类文明新形态。

其次，中国式现代化是在把马克思主义基本原理同中国具体实际、同中华优秀传统文化相结合的进程中实现的，经由"结合"而形成的新文化就是中国式现代化的文化形态。2023年6月2日，在文化传承发展座谈会上，习近平总书记强调："在五千多年中华文明深厚基础上开辟和发展中国特色社会主义，把马克思主义基本原理同中国具体实际、同中华优秀传统文化相结合是必由之路。这是我们在探索中国特色社会主义道路中得出的规律性的认识，是我们取得成功的最大法宝。"他指出，"第二个结合"，是我们党对马克思主义中国化时代化历史经验的深刻总结，是对中华文明发展规律的深刻把握，表明我们党对中国道路、理论、制度的认识达到了新高度，表明我们党的历史自信、文化自信达到了新高度，表明我们党在传承中华优秀传统文化中推进文化创新的自觉性达到了新高度。他在论述马克思主义基本原理怎么同中华优秀传统文化相结合，即我们常讲的"第二个结合"时，提出了一个极其重要的观点，指出彼此契合的两个思想文化相结合时，结果是互相成就，会造就一个有机统一的新的文化生命体，让马克思主义成为中国的，中华优秀传统文化成为现代的，让经由"结合"而形成的新文化成为中国式现代化的文化形态。[①]他在这里所提出的"中国式现代化的文化形态",就是他强调的在这样的"结合"中,可以使得中国式现代化赋予中华文明以现代力量,中华文明赋予中国式现代化以深厚底蕴。由此决定了,我们创造中国式现代化,也就创造了人类文明新形态。

再次,中国式现代化是具有中华文明基因的中国人推进的现代化,创造的是一种非西方的现代化和人类文明新形态。习近平总书记在文化传承发展座谈会上深刻指出:中华文明具有突出的连续性、创新性、统一性、包容性、和平性。[②]在中国现代化进程中,无论是"人"即现代化建设的领导者和实施者,还是"社会""制度"即中国的社会和政治氛围,都深深地打上具有这"五性"的中华文明印记,蕴含着中华民族独特的世界观、价值观、历史观、文明观、民主观、生态观,是对世界现代化理论和实践的重大创新。因此,这"五性"从根本上决定了中国的现代化是中国式现代化,不仅打破了"现代化=西方化"的迷思,展现了现代化的另一幅图景,而且为广大发展中国家独立自主迈向现代化树立了光辉典范,拓展了路径选择,为人类对更好社会制度的探索提供了中国方案。正是在这个意义上,我们说中国的现代化作为中华文明滋养的中国人在具有中华优秀传统文化的中国

---

① 《习近平在文化传承发展座谈会上强调担负起新的文化使命努力建设中华民族现代文明》,《人民日报》2023年6月3日。
② 《习近平在文化传承发展座谈会上强调担负起新的文化使命努力建设中华民族现代文明》,《人民日报》2023年6月3日。

推进现代化建设，必定是作为人类文明新形态的中国式现代化。

总之，正如2023年2月7日习近平总书记在学习贯彻党的二十大精神专题研讨班的开班式重要讲话中所强调指出的，中国式现代化，深深植根于中华优秀传统文化，体现科学社会主义的先进本质，借鉴吸收一切人类优秀文明成果，代表人类文明进步的发展方向，展现了不同于西方现代化模式的新图景，是一种全新的人类文明形态。[①]正是在这样的意义上，我们说"中国式现代化"不仅创造了中国"强国建设、民族复兴唯一正确的道路"，而且创造了造福于世界特别是发展中国家的"人类文明新形态"。

通过这样的学习领会和归纳分析，我们就可以从理论上认识到究竟"什么是中国式现代化"，同时也可以进一步深化对"为什么是中国式现代化"的认识。当然，"认识"不是目的，目的是要通过这样的"认识"，把对"中国式现代化道路"的认知从"自在"转化为"自觉"，增强坚持走中国式现代化道路的自觉性，实现以中国式现代化全面推进中华民族伟大复兴的使命任务。

[①] 《习近平在学习贯彻党的二十大精神研讨班开班式上发表重要讲话强调正确理解和大力推进中国式现代化》，《人民日报》2023年2月8日。

第五章

实践逻辑：怎样实现『中国式现代化』

马克思主义最注重的是实践。历史逻辑和理论逻辑都基于实践逻辑。"走中国式现代化道路",是历史的选择、历史的结论,更是理性的结论。历史是过去的实践,理论是实践的结晶,归根到底,都来自中国式现代化的实践。实践论的认识论告诉我们,来自实践的结论是珍贵的,但是还要回到实践中去,在实践中运用和丰富发展。在实践中,我们不仅要心中明了"为什么"和"是什么"或"干什么",还要认真思考"怎么干"。对于正在为实现第二个百年奋斗目标而勇毅前行的中国共产党人来说,在以中国式现代化全面推进中华民族伟大复兴的进程中,同样有一个问题:怎样实现"中国式现代化"?这里讲的"怎样"就包含了"不怎样"的问题,其实这是一个选择问题。实践中的理性思考,时时处处要求我们对所做的事情及其发展的多种可能性进行最佳的选择。

第一节　推进中国式现代化是一个系统工程

我们已经知道，中国式现代化是坚持以人民为中心的发展思想，是经济建设、政治建设、文化建设、社会建设、生态文明建设"五位一体"统筹推进的现代化，是按照共同富裕的追求在中国东部和西部各个地区协同推进的现代化，同时还是胸怀天下，坚持走和平发展道路的现代化。内涵如此丰富的现代化，不是单方面努力或单兵独进就可以实现的。因此，在思考、研究和部署怎么实现中国式现代化的问题上，必须认识到这是一个宏大的系统工程，遵循习近平总书记关于"坚持系统观念"的要求来推进。

在2023年2月7日举行的新进中央委员会的委员、候补委员和省部级主要领导干部学习贯彻习近平新时代中国特色社会主义思想和党的二十大精神研讨班的开班式上，习近平总书记明确指出，推进中国式现代化是一个系统工程，需要统筹兼顾、系统谋划、整体推进，正确处理好顶层设计与实践探索、战略与策略、守正与创新、效率与公平、活力与秩序、自立自强与对外开放等一系列重大关系。①这里提出要正确处理的"六大关系"，是习近平总书记坚持系统观念治国理政的生动体现，是中国式现代化理论的重大创新。我们要深入学习领会、全面准确把握，认真抓好贯彻落实。

第一，要正确处理好顶层设计与实践探索的关系。这是因为，实践是有目的的活动，同时实践又是探索性创造性的活动。有目的，决定了重大实践都要根据面临的主客观条件进行顶层设计；探索性创造性，又决定了实践活动总是有许多已知和未知的问题要破解，实践目的也由此要不断应变而适时调整。为顺利推进实践的发展，首先要做好调查研究，精心设计，做好顶层设计。正如习近平总书记指出的："党的二十大报告阐述的中国式现代化的中国特色、本质要求和重大原则，是对推进中国式现代化的最高顶层设计。"②"中国式现代化是分阶段、分领域推进的，实现各个阶段发展目标、落实各个领域发展战略同样需要进行顶层设计。"③关于怎么做好顶层设计，习近平总书记强调："进行顶层设

---

① 《习近平在学习贯彻党的二十大精神研讨班开班式上发表重要讲话强调正确理解和大力推进中国式现代化》，《人民日报》2023年2月8日。
② 习近平：《推进中国式现代化需要处理好若干重大关系》，《求是》2023年第19期，第4页。
③ 习近平：《推进中国式现代化需要处理好若干重大关系》，《求是》2023年第19期，第4页。

计，需要深刻洞察世界发展大势，准确把握人民群众的共同愿望，深入探索经济社会发展规律，使制定的规划和政策体系体现时代性、把握规律性、富于创造性，做到远近结合、上下贯通、内容协调。"[1]同时，推进中国式现代化是一个探索性事业，还有许多未知领域，需要我们在实践中去大胆探索。因此，顶层设计和实践探索是辩证统一的。在推进中国式现代化进程中，我们要注重从全局着眼做好谋篇布局，在实践中大胆探索、发挥群众首创精神，实现顶层设计和实践探索的良性互动、有机结合，这是我们党推动经济社会发展的一条重要经验。

第二，要正确处理好战略与策略的关系。战略问题是一个政党、一个国家的根本性问题。习近平总书记指出："正确运用战略和策略，是我们党创造辉煌历史、成就千秋伟业、战胜各种风险挑战，不断从胜利走向胜利的成功秘诀。推进中国式现代化，必须把这一成功秘诀传承好、运用好、发展好。"[2]推进中国式现代化，必须胸怀"国之大者"，着眼于解决事关党和国家事业兴衰成败、牵一发而动全身的重大问题，增强战略谋划的前瞻性、全局性、稳定性。毛泽东指出，"政策和策略是党的生命"。[3]策略是在战略指导下为战略服务的，并为战略实施提供科学方法，是完成

---

[1] 习近平：《推进中国式现代化需要处理好若干重大关系》，《求是》2023年第19期，第4页。

[2] 习近平：《推进中国式现代化需要处理好若干重大关系》，《求是》2023年第19期，第4—5页。

[3] 《毛泽东选集》第四卷，人民出版社1991年版，第1298页。

战略目标的"桥"或"船",是落实战略步骤的路线图。正确的战略需要正确的策略来落实,既要观大势、谋长远,也要重方法、抓落实,因地制宜、因时顺势、善作善成,牢牢把握推进中国式现代化的主动权。

第三,要正确处理好守正与创新的关系。守正创新是我们党在新时代治国理政的重要思想方法。我们从事的是前无古人的伟大事业,守正才能不迷失方向、不犯颠覆性错误,创新才能把握时代、引领时代。正如习近平总书记所强调的:"中国式现代化的探索就是一个在继承中发展、在守正中创新的历史过程。"[①]守正与创新相辅相成,坚持守正创新,坚持和发展了马克思主义的发展观,体现了变与不变、继承与发展、原则性与创造性的辩证统一。只有在创新基础上的守正,才不会故步自封,才能与时俱进、推陈出新;只有在守正基础上的创新,才不会偏离方向,才能根深叶茂、源远流长。党的十八大以来,以习近平同志为核心的党中央在立场、方向、原则、道路等根本性问题上旗帜鲜明、毫不含糊,着力正本清源,确保了中国特色社会主义事业道不变、志不改。同时,面对世界百年未有之大变局和国内经济社会发展新形势新任务新要求,积极识变应变求变,以巨大勇气和魄力推进理论创新、实践创新、制度创新、文化创新以及其他各方面创新,极大增强了党和国家的生机活力,极大促进了经济社会创新发展。

[①] 习近平:《推进中国式现代化需要处理好若干重大关系》,《求是》2023年第19期,第6页。

因此党的二十大把"守正创新"作为习近平总书记处理复杂问题的立场观点方法提了出来，这也是推进中国式现代化这一系统工程必须具备的思想理论品格。

第四，要正确处理好效率与公平的关系。习近平总书记是胸中有理想、心中有人民的马克思主义政治家。他追求的中国式现代化，是既能够创造比资本主义更高的效率，又能够有效地维护社会公平，更好实现效率与公平相兼顾、相促进、相统一的现代化。由于效率关注如何通过提高生产效率、优化经济结构来"做大蛋糕"，提升资源配置的有效性；公平关注如何从规则公平、机会公平、结果公平等维度来"分好蛋糕"，保障社会分配的价值性。怎么实现效率与公平相兼顾，是一个很大的又是很难的课题，做到了就是人类现代化历史上一个很大的创举。在习近平总书记看来，效率是实现公平的重要基础，公平是提升效率的有力支撑。共同富裕是中国特色社会主义的本质要求，要靠勤劳智慧来创造。中国式现代化是全体人民共同富裕的现代化，推进中国式现代化既要"做大蛋糕"又要"分好蛋糕"，要坚持共建共享原则，鼓励勤劳创新致富，实现效率与公平的有机统一，进而让现代化建设成果更多更公平惠及全体人民。

第五，要正确处理好活力与秩序的关系。中国改革开放的经验告诉我们，改革能够激发活力，但在搞活的同时不能保持秩序的稳定就会引起动乱，就要丧失改革开放的成果。所以，中国共产党在领导改革开放的过程中十分强调要正确处理改革、发展与稳定的关系。习近平总书记指出："中国式现代化应当而且能够实现活而不乱、活跃有序的动态平衡。"①良好的社会秩序是激发社会发展活力的重要前提，社会焕发生机活力则会进一步巩固社会秩序。充分调动人民群众的积极性、主动性、创造性，保持稳定安全的社会环境，确保人民安居乐业、国家长治久安，是我们攻克一个又一个难关、创造一个又一个人间奇迹的重要原因。推进中国式现代化，要寓活力于秩序之中，建秩序于活力之上，充分调动各方面推动高质量发展的积极性，释放经济发展潜能，激发社会创造活力。

第六，要正确处理好自立自强与对外开放的关系。中国共产党百年奋斗的历史经验告诉我们，我们党正是坚持了独立自主、自立自强，克服了无数困难挑战，才得以取得举世瞩目的辉煌成就。同时，坚持独立自主、自立自强，并不意味着自我封闭。我们党坚持学习借鉴人类文明的一切优秀成果，博采众长、兼收并蓄。习近平总书记指出："推进中国式现代化，必须坚持独立自主、自立自强，坚持把国家和民族发展放在自己力量的基点上，坚持把我国发展进步的命运牢牢掌握在自己手中。"②中国式现代化，既有各国现代化的共同特征，更有基于自己国情的中国特色；既是追求自主，向世界展现出中华民族自信自立形象的现代化，

---

① 习近平：《推进中国式现代化需要处理好若干重大关系》，《求是》2023年第19期，第7页。
② 习近平：《推进中国式现代化需要处理好若干重大关系》，《求是》2023年第19期，第8页。

也是面向世界，保持与各国深度联结和合作的现代化。只有在自立自强的前提下扩大对外开放，吸收借鉴人类文明的一切有益成果，才能推动中国式现代化行稳致远。

总之，在探讨怎样建设中国式现代化的时候，首先对推进中国式现代化的复杂性要有足够的认识，坚持用系统观念正确处理好上述"六大关系"，建设好中国式现代化这一宏大的系统工程。

第二节　在高质量发展中推进中国式现代化

　　中国式现代化，不是一个抽象的概念，也不仅仅是一个大方向大目标，它总是通过各个发展阶段的现代化任务来实现并展现出来的。为落实以中国式现代化全面推进中华民族伟大复兴的中心任务，党的二十大报告明确指出："高质量发展是全面建设社会主义现代化国家的首要任务。"[1]一个是"中心任务"，一个"首要任务"，两者不仅不可分割，而且这个"首要任务"是完成"中心任务"的首要任务。在今天，以中国式现代化全面推进中华民族伟大复兴，首要任务就是要立足新发展阶段，贯彻新发展理念，构建新发展格局，推动高质量发展。

---

[1]　习近平：《高举中国特色社会主义伟大旗帜为全面建设社会主义现代化国家而团结奋斗——在中国共产党第二十次全国代表大会上的报告》，人民出版社2022年版，第28页。

认识来自于实践。任何一个新论断、新思想都是伴随着实践的发展而提出并不断完善发展的。以习近平同志为核心的党中央从提出"高质量发展",到提出"高质量发展是全面建设社会主义现代化国家的首要任务"这一重大论断,大体上经历了三个发展阶段。

第一阶段,从党的十八大、十八届五中全会到党的十九大。"高质量发展"是在党的十九大首次提出的。[1]在党的十九大之前,首先提出的是"新常态"以及与此紧密相关的"以人民为中心的发展思想"和"创新、协调、绿色、开放、共享的发展理念"[2]。我们都知道,党的十八大前后,国内经济出现了许多深刻的结构性变化。过去持续多年的高速增长遇到了瓶颈,中国经济出现了许多国家快速增长后出现过的"新常态"。比如,一方面许多商品库存积压增加,影响了经济增速;另一方面,许多群众到国外抢购诸如马桶盖等日常用品。针对这种供求失衡等问题,党中央作出了推进"供给侧结构性改革"的战略决策。在实践中,我们越来越认识到,我国社会主要矛盾已经转化为人民日益增长的美好生活需要和不平衡不充分的发展之间的矛盾。这意味着中国特色社会主义进入了新时代。为解决新时代这一社会主要矛盾,以习近平同志为核心的党中央经过大量调查研究,客观全面地分析

---

[1] 中共中央党史和文献研究院编:《十九大以来重要文献选编》(上),中央文献出版社 2019 年版,第 21 页。

[2] 中共中央文献研究室编:《十八大以来重要文献选编》(中),中央文献出版社 2016 年版,第 774 页、第 789 页。

我国经济发展所处的历史阶段和要解决的各种矛盾，提出解决问题的方案和努力方向，作出了一系列重大部署，出台了一系列政策举措。在党的十八届五中全会，党中央提出了以人民为中心的发展思想和创新、协调、绿色、开放、共享的新发展理念。

第二阶段，从党的十九大到党的十九届五中全会。自十九大提出"高质量发展"这一命题后，党的十九届五中全会进一步强调经济社会发展要以"推动高质量发展"为"主题"，并强调要"加快构建以国内大循环为主体、国内国际双循环相互促进的新发展格局"[①]。党的十九大在规划中国全面建成小康社会后，分两步走实现党的第二个百年奋斗目标的战略任务和宏伟蓝图的同时，明确指出新时代中国经济已由高速增长阶段转向高质量发展阶段。党的十九届五中全会在审议中共中央关于制定国民经济和社会发展第十四个五年规划和2035年远景目标的建议时，进一步提出要从我们今天面临的国内外形势出发，以推动高质量发展为主题，立足新发展阶段，贯彻新发展理念，构建新发展格局。这是一个富有前瞻性的中国发展大战略。

第三阶段，从党的十九届五中全会到党的二十大。在完整、准确、全面贯彻新发展理念过程中，党的十九届六中全会把"推动高质量发展"写入习近平新时代中国特色社会主义思想的"十个明确"中，党的二十大在把"实现高质量发展"写进"中国式

[①] 中共中央党史和文献研究院编：《十九大以来重要文献选编》（中），中央文献出版社2021年版，第700页。

现代化"的本质要求的同时，进一步明确提出"高质量发展是全面建设社会主义现代化国家的首要任务"[①]。

从这样一个简要的历史回顾中，我们可以注意到，关于高质量发展的认识和定位，从党的十八大到党的二十大，我们经历了从"新常态"到"高质量发展阶段"、从"经济社会发展的主题"到"全面建设社会主义现代化国家的首要任务"这样一个认识深化的过程。在这个认识过程中，有两点是要注意的：一点是高质量发展是在综合分析我国发展阶段、发展环境、发展条件变化后作出的科学判断，反映了我们对中国经济发展规律的最新认识；另一点是高质量发展和新发展理念、新发展格局是密不可分地相互联系、相互促进的。因此，完整地理解高质量发展这个"首要任务"，用一句话来概括，就是：在以中国式现代化全面推进中华民族伟大复兴的进程中，立足新发展阶段，贯彻新发展理念，构建新发展格局，推动高质量发展，实现党的第二个百年奋斗目标。

2023年2月7日，习近平总书记在学习贯彻党的二十大精神专题研讨班的开班式重要讲话中，第一次用"康庄大道"和"唯一正确道路"来定义中国式现代化。这是一个极其重要的论断。我们要站在"以中国式现代化全面推进中华民族伟大复兴"的高度，站在中国式现代化是"康庄大道"和"唯一正确道路"的高

[①] 习近平：《高举中国特色社会主义伟大旗帜为全面建设社会主义现代化国家而团结奋斗——在中国共产党第二十次全国代表大会上的报告》，人民出版社2022年版，第28页。

度,来深化对高质量发展的认识。可以说,中国式现代化是强国建设、民族复兴的必由之路,高质量发展则是实现中国式现代化的必经之途。

怎么理解"立足新发展阶段,贯彻新发展理念,构建新发展格局,推动高质量发展"这一重大战略决策呢?怎么在高质量发展中推进中国式现代化的实现呢?

首先,新时代我国发展要以满足人民日益增长的美好生活需要为根本目的,推动高质量发展,推进中国式现代化的实现。2017年12月18日,习近平总书记在中央经济工作会议上指出:"我国经济已由高速增长阶段转向高质量发展阶段。"这是一个重大判断。什么是"高质量发展"?他指出:"高质量发展,就是能够很好满足人民日益增长的美好生活需要的发展,是体现新发展理念的发展,是创新成为第一动力、协调成为内生特点、绿色成为普遍形态、开放成为必由之路、共享成为根本目的的发展。"他还用一句话对"高质量发展"做了概括,指出:"更明确地说,高质量发展,就是从'有没有'转向'好不好'。"[1]只有这样满足人民日益增长的美好生活需要,让人民群众有获得感、幸福感、安全感的高质量发展,才能真正推进中国式现代化的实现。

其次,为适应新发展阶段的要求,推动高质量发展,必须贯彻新发展理念,推进中国式现代化的实现。党的十八大以来,以

---

[1] 《习近平谈治国理政》第三卷,外文出版社2020年版,第237—239页。

习近平同志为核心的党中央通过对经济形势的科学分析，对发展理念和思路作出及时调整，其中新发展理念是最重要、最主要的。新发展理念，强调发展要以人民为中心，发展是创新、协调、绿色、开放、共享的发展。习近平总书记多次强调："创新是引领发展的第一动力，协调是持续健康发展的内在要求，绿色是永续发展的必要条件和人民对美好生活追求的重要体现，开放是国家繁荣发展的必由之路，共享是中国特色社会主义的本质要求，坚持创新发展、协调发展、绿色发展、开放发展、共享发展是关系我国发展全局的一场深刻变革，全党全国要统一思想、协调行动、开拓前进。"[①]他还指出，新发展理念是一个系统的理论体系，回答了关于发展的目的、动力、方式、路径等一系列理论和实践问题，阐明了我们党关于发展的政治立场、价值导向、发展模式、发展道路等重大政治问题。只有以创新、协调、绿色、开放、共享的新发展理念引领的高质量发展，才能真正推进中国式现代化的实现。

再次，为适应新发展阶段的要求，推动高质量发展，必须在贯彻新发展理念时构建新发展格局，推进中国式现代化的实现。所谓"新发展格局"，是以国内大循环为主体，国内国际双循环相互促进的。也就是说，我们在新时代既要把发展的立足点放在国内，更多依靠国内市场实现经济发展，同时又以宏大顺畅的国内

[①] 习近平：《全党必须完整、准确、全面贯彻新发展理念》，《求是》2022年第16期，第5页。

经济循环更好地吸引全球资源要素，进一步推进高水平的对外开放，推动形成国内国际相互促进的双循环，形成中国参与国际经济合作和竞争新优势。需要指出的是，以国内大循环为主体，决不是不要对外开放。习近平总书记明确指出："构建新发展格局，是与时俱进提升我国经济发展水平的战略抉择，也是塑造我国国际经济合作和竞争新优势的战略抉择。"[1]也就是说，只有构建以国内大循环为主体、国内国际双循环相互促进的新发展格局，我们才能在世界百年未有之大变局下，更好地应对处于动荡变革期的国际环境，防范化解各类风险隐患，做好自己的事情。只有这样的高质量发展，才能真正推进中国式现代化的实现。

我们了解党中央关于"立足新发展阶段，贯彻新发展理念，构建新发展格局，推动高质量发展"这一重大战略是怎么形成的，其内涵和要求是什么，不仅可以了解中国式现代化在今天的首要任务是什么，而且可以了解我们为什么要强调在高质量发展中推进中国式现代化的实现。

---

[1] 《习近平谈治国理政》第四卷，外文出版社2022年版，第114页。

第三节　在发展全过程人民民主中推进中国式现代化

民主，作为政治上层建筑，是为经济基础以及支撑它的社会生产力服务的。在"中国式现代化"的系统工程中，发展全过程人民民主这一中国式民主，既是中国式现代化的本质要求所规定的，又是推进中国式现代化的重大战略任务。

我们注意到，党的二十大报告根据中国式现代化的本质要求，在阐述新时代新征程实现第二个百年奋斗目标总的战略安排时，也强调要发展全过程人民民主。在到2035年我国发展的总体目标中，提出了"全过程人民民主制度更加健全"的目标；在未来5年的主要目标任务中，也提出了"全过程人民民主制度化、规范化、程序化水平进一步提高"的目标任务。①尤其是在二十大报告阐述实现中国式现代化的各项战略任务时,对于"发展全过程人民民主,保障人民当家作主"设专题作了专门部署,强调"我们要健全全过程人民民主制度体系,扩大人民有序政治参与,保证人民依法实行民主选举、民主协商、民主决策、民主管理、民主监督,发挥人民群众积极性、主动性、创造性,巩固和发展生动活泼、安定团结的政治局面"②。由此可见,全过程人民民主作为中国式民主同中国式现代化之间有着不可分割的密切关系。中国式民主是中国式现代化的题中应有之义,中国式民主将在中国式现代化进程中发展,中国式现代化则将在中国式民主的发展进程中推进。也就是说,大力推进中国式现代化内在地要求发展全过程人民民主,同时也只有在发展全过程人民民主进程中才能充分发挥亿万人民的创造伟力,大力推进中国式现代化,并在中国式现代化进程中全面推进中华民族伟大复兴。

"全过程人民民主"这一重大理念,是2019年11月2日习近平总书记在上海长宁区考察虹桥街道古北小区市民中心时第一次提出的。在党的二十大,"全过程人民民主"第一次被作为"中国

---

① 习近平:《高举中国特色社会主义伟大旗帜为全面建设社会主义现代化国家而团结奋斗——在中国共产党第二十次全国代表大会上的报告》,人民出版社2022年版,第24—25页。
② 习近平:《高举中国特色社会主义伟大旗帜为全面建设社会主义现代化国家而团结奋斗——在中国共产党第二十次全国代表大会上的报告》,人民出版社2022年版,第37页。

式现代化"的本质要求和新时代新征程政治建设的重大战略部署写进了党代会报告。

"全过程人民民主"有什么特点？第一，它既有完整的制度程序，又有完整的参与实践，而不是那种仅有制度程序而人民群众不能广泛参与实践的民主。第二，它既有全面、广泛、有机衔接的人民当家作主的制度体系，又有多样、畅通、有序的民主渠道，而不是那种仅有这个制度那个制度而没有人民群众可以直接参与渠道的民主。第三，它既有民主选举，又有民主协商、民主决策、民主管理、民主监督，而不是那种人民在投票时被唤醒、投票后就进入休眠期，选举时受宠、选举后被冷落的民主。第四，它既有人民管理国家事务的各种途径和形式，又有人民管理经济和文化事务、管理社会事务的各种途径和形式，而不是那种大多数人无缘参与国家事务和经济文化以及社会事务的民主。第五，它既是过程民主和成果民主、程序民主和实质民主、直接民主和间接民主相统一的民主，又是人民民主和国家意志相统一的民主，而不是仅仅强调一个方面而无视另一个方面、仅仅强调国家意志而无视人民意志的民主。

从事民主理论研究的学者都知道，"民主"口号好喊，"民主"之"经"难念、"民主"之"治"更是难上加难。且不说别的，就以"民主"这个概念而言，"民主"之"民"笼统地说是"人民"，但究竟是"全体人民"还是人民中的"多数人"及其"代表"，要讲清楚很难，要做好更难。世界各国特别是实行两党制或多党制、议会制或总统制的国家，只要实行竞争性选举，都无法绕过这一难题。从理念上讲，民主之"民"，应该是"人民"，或"全体人民"。但人民或全体人民的意志及其背后的利益多种多样，要在国家治理中让人民或全体人民达成共识并形成决策谈何容易。于是，有了"少数服从多数"的票决制，通过一人一票进行投票，由得票多的人即"多数人"的"代表"来治理国家，并由此创造了选举民主。但这样一来又产生了新的问题，一是"多数人"是人民，"少数人"也是人民，在"多数人"的意志和利益实现后，如何使得"少数人"的意志和利益也能够得到保障，以避免民主面的削弱或民主成色不足；二是经过票决选出的"代表"如何代表选民乃至于全体人民，以避免民主走样和变质。此外，还有如何防范和阻止贿选等完全背离民主原则的政治腐败，也是特别需要解决的问题。诸如此类难题长期以来困扰着关注民主研究和民主制度建设的人们。

"全过程人民民主"这一中国式民主破解了如何全面维护公民和政治权利的许多难题，同时，也在完善和发展全过程人民民主中推进了中国式现代化的发展。

第一，全过程人民民主采用选举民主和协商民主两种民主形式，从制度上保证了广大人民的意志和利益都能够实现。

在中国，人民代表大会制度作为根本的政治制度，由人民选举出来的人民代表组成国家权力机关，行使管理国家事务的权力。而人民代表的选举，实行的是"无记名投票"和"少数服从多数"的票决制原则。如前所述,实行票决制总会有一些优秀的治国人才会落选。早在1954年第一届全国人民代表大会第一次会议召开时,中国共产党就已经发现,民主选举的办法固然好,但并非所有的优秀人才都能够被选为人民代表进入国家权力机关。当年在建立人民代表大会制度后,毛泽东在论述中国人民政治协商会议代行全国人民代表大会职权结束后还要继续发挥人民政协作用的时候,说过一段非常朴实但又非常深刻的话:"人民代表大会已经包括了各方面,人大常委会是全国人民代表大会的常设机关,代表性当然很大。但它不能包括所有的方面,所以政协仍有存在的必要,而不是多余的。"[①]他所说的"不能包括所有的方面",就是中国共产党和各民主党派中还有一些优秀的人才没有能够当选为全国人大代表进入人大常委会。所以,在中国的民主制度设计中,不仅有人民代表大会这一权力机关,还有人民政协这一专门协商机构。也就是说,中国在实行选举民主的时候,面对世界各国都碰到的由民主选举而带来的"多数人"和"少数人"的关系问题,通过"人大"+"政协"的制度设计,破解了这个难题。现在,每年3月,中国都要召开被称为"两会"的全国人民代表大会和中国人民政治协商会议,其意义就是民主原则能够在中国得到全面实现。

第二,全过程人民民主通过完善人民代表联系群众制度,从

---

① 《毛泽东传(1949—1976)》(上),中央文献出版社2003年版,第315页。

制度上使得广大人民群众的切身利益和呼声都能够得到反映和实现。

由民主选举带来的问题，不仅有如何全面保障"多数人"和"少数人"的民主权利问题，还有一个经过票决选出的"代表"如何代表选民乃至于全体人民，以避免民主走样和变质的问题。在西方一些国家，无论是实行议会制的国家，还是实行总统制的国家，议员在竞选时总是千方百计拉拢选民，一旦当选还能不能始终代表他的选民就成了一个问题，至于当选议员能不能代表全体人民更不用说了。

中国的人大代表是人民选出来的，他们怎能始终代表人民的利益呢？从宪法上讲，国家的一切权力属于人民。人民行使权力的机构就是由选民依法选举出来的人民代表组成的人民代表大会。人民代表大会这个权力机关要行使好人民赋予的权力，包括立法权、监督权、决定权、任免权，就必须建立和完善人大联系群众制度，真实而又充分地反映人民群众的意志和诉求。自人民代表大会制度建立以来，特别是改革开放以来，中国已经建立了人大代表视察制度、人大常委会联系人大代表制度、人大代表联系群众制度、人大信访制度等制度。

中国特色社会主义进入新时代以来，中国不仅继续坚持和完善这些制度，而且在人大代表联系群众制度上进行了创新，并有明显的突破。近年来，在中国民主政治实践中出现的许多新名词中，有"家站"或"家站点"。"家"一般指的是设在街道的"人大代表之家","站"一般指的是设在社区的"人大代表联络站","点"则是设在更小单元如楼宇中的人大代表联系点。它们都是人大代表联系人民群众的桥梁。倘若到这些人大代表"家站点"去考察,我们可以在许多地方看到这样一句十分抢眼的话:"人民选我当代表,我当代表为人民。"比如北京全市已经建立了340个人大代表之家、2938个人大代表联络站,1.4万多名四级人大代表(即全国人大代表、市人大代表、区县人大代表、乡镇人大代表)全部编组入站,参加活动。北京人民群众有这样一句让人特别感慨的话:"嵌入'15分钟社区生活圈'的代表家站,让老百姓在家门口就能'找得到人、说得上话、议得成事',让接地气、冒热气的基层声音通过人大代表直通决策过程。"

随着移动互联网和智能手机的普及,移动化、智能化成为网上人大代表联络站的发展方向。现在,各地的人大代表"家站点"大多进入"网络联系群众时代"。省市区人大普遍开通人大官网,人大代表通过"代表网上直通车""代表微信公众号"等信息化、网络化、智能化渠道,让人民群众时时都能够找到人大代表。

第三,全过程人民民主这一中国式民主的最大亮点,是通过人民群众的"广泛参与、广泛商量"来实现人民当家作主的权力。

中国的民主是14亿多中国人民的民主。要保障14亿多中国人民当家作主的权力以及各方面的权利,谈何容易?让我们高兴的是,中国已经掌握了实现14亿多中国人民当家作主的秘诀。这个"秘诀"是什么?就是涉及全国各族人民利益的事情,就在全体人民和全社会广泛商量；涉及一个地方人民群众利益的事情，就在这个地方的人民群众中广泛商量；涉及一部分群众利益、特定群众利益的事情，就在这部分群众中广泛商量；涉及基层群众利益的事情，就在基层群众中广泛商量。这种由人民群众"广泛参与、广泛商量"的民主形式，就是实现14亿多中国人民当家作主的"秘诀"。习近平总书记多次指出："人民只有投票的权利而没有广泛参与的权利，人民只有在投票时被唤醒、投票后就进入休眠期，这样的民主是形式主义的。"[1]正如他指出的："在中国社会主义制度下，有事好商量，众人的事情由众人商量，找到全社会意愿和要求的最大公约数，是人民民主的真谛。"[2]

这种由人民群众"广泛参与、广泛商量"来实现人民当家作主的民主，就是协商民主。正如习近平总书记指出的："协商民主深深嵌入了中国社会主义民主政治全过程。"[3]

第四，全过程人民民主重视基层民主建设，是能够保障人民依法管理国家事务、经济事务、社会事务和基层公共事务的民主。

为使民主成为人民群众都有获得感的权利，全过程人民民主一个突出贡献，就是完善基层民主，让人民群众直接管理国家事务、管理经济文化事务和管理社会事务，直接管理基层公共事务和公益事务，丰富了人民民主的内容。

---

[1] 《习近平谈治国理政》第二卷，外文出版社2017年版，第293页。
[2] 《习近平谈治国理政》第二卷，外文出版社2017年版，第292页。
[3] 《习近平谈治国理政》第二卷，外文出版社2017年版，第294页。

比如，全国人大常委会法工委建立基层立法联系点，健全民主立法。2019年11月2日习近平总书记在上海市长宁区虹桥街道古北小区市民中心首次提出"全过程人民民主"的地方，就是全国人大常委会法工委建立的第一批基层立法联系点。2015年7月，全国人大常委会法工委根据党的十八届四中全会精神，在全国推出4个基层立法联系点试点单位，分别是湖北省襄樊市、江西省景德镇市、甘肃省定西市临洮县、上海市长宁区虹桥街道办事处。其中，虹桥街道的立法联系点是唯一设在城市街道的基层立法联系点。这些居住着来自50多个国家和地区居民的社区，是上海推进基层科学治理、民主治理的一个缩影。截至2022年7月，作为全国人大常委会的基层立法联系点，虹桥街道共完成67部法律草案的意见征询工作，上报建议1300余条，其中101条被采纳。仅以十三届全国人大三次会议表决通过的《中华人民共和国民法典》来说，他们先后听取了180余人的意见建议，向全国人大常委会法工委上报意见建议91条，有10余条被不同程度采纳。虹桥街道后来又先后成为上海市人大常委会和上海市人民政府的基层立法联系点，完成了几十部地方性法规和规章草案的意见征询工作，上报建议数百条，其中相当一部分建议被采纳。由于这一民主法的试点工作取得了巨大的成功，于是在2020年7月，全国人大常委会法工委又把江苏省昆山市、浙江省义乌市、河北省正定县正定镇和中国政法大学确定为第二批基层立法联系点。接着，2021年又新增第三批12家立法联系点。截至2021年6月，各联系点对109部法律草案、立法工作计划等提出近6600条建议，经认真分析研究，许多意见被吸收采纳。"民意是立法工作的基石，立法过程需要最大限度吸纳民意。参与人民民主实践的主体越广泛，全社会意愿和要求的'最大公约数'就越容易形成。"这是浙江等许多地方在民主立法过程中的深刻体会。有一个北京"胡同大妈"的叙事也让我们特别感动："以前一直觉得立法是法律专家、大学教授、领导干部的事情，没想到竟跟我这个当了一辈子工人的胡同大妈扯上了关系。"这是"胡同大妈"对"自己的'土点子'最终变成法条"的感触，也正是我们对中国在民主立法问题上取得如此大进步的感触。在北京市，凡是关系老百姓房前屋后、楼里楼外、身左身右的法规草案都开始走进人大代表家站，关涉千家万户的法规，都由千家万户说了算，诸如市人大常委会审议通过的《文明行为促进条例》《街道办事处条例》《反食品浪费条例》《接诉即办工作条例》等，无一不是如此。

比如，全国人大常委会预算工委建立基层联系点，完善财政和税收制度，健全经济民主。财政和税收同经济发展及民生改善的关系最为密切。2020年初，全国人大常委会预算工委在北京市海淀区东升镇、浙江省嘉兴市南湖区人大常委会、江西省九江市柴桑区人大常委会、四川省眉山市丹棱县人大常委会、陕西省韩城市人大常委会设立了基层联系点。浙江省嘉兴市南湖区人大常委会作为全国人大常委会预算工委基层联系点，围绕2021年人大预算审查监督，先后向全国人大常委会预算工委提出了近20条建议。2021年初，他们收到全国人大常委会预算工委《关于请协助调研有关财税立法工作情况和意见建议的函》后，先后到南湖区财政局、税务局等部门召开座谈会，广泛听取意见建议，并逐项进行梳理，就财税立法提供了详细的意见和建议。不仅如此，他们还制定出台了12项财经监管制度，提升了原有财经联网监督系统，完善了财经监督闭环，更细更实地管好政府的"钱袋子"。他们的体会是："政府的钱用在了哪里，怎么用的，始终是人大监督的重要内容。中央直达资金使用情况导入南湖区人大财经联网监督系统后，方便人大代表在第一时间开展监督。"全国人大常委会预算工委通过南湖基层联系点，更加全面了解掌握基层关于直达资金使用管理的实际情况，包括资金到达、资金分配、资金公开、资金使用绩效等，跟踪监督政策落实情况，确保各项惠企利民政策落到实处。

比如，在推进全过程人民民主进程中服务改革开放，健全广纳民意机制。上海市长宁区虹桥街道是20世纪末诞生的新城区，这里有虹桥经济技术开发区和涉外综合住宅区古北新区，具有人群多样、地域现代、经济发达、资源丰富等特征。外籍人士作为小区居民也可以在这里参与中国和上海市拟立法的法律法规讨论。浙江省义乌市有全球著名的小商品市场，义乌市人大常委会作为全国人大常委会法工委第二批基层立法联系点，为健全基层立法网络布局，在全市建立了47家征询单位、15家联络站，除了人大代表，还聘请了25名立法咨询专家、51名立法联络员和一大批信息采集员，工作开展得有声有色。义乌市鸡鸣山社区素有"联合国社区"之称，在这里有各个国家、各个民族、各种宗教信仰的商家，他们在信息员队伍的选择上，特别注意体现广泛性和民族性。昆山市是大陆台商投资最活跃、台资企业最密集、两岸经贸文化交流最频繁的地区之一，十万台胞在此安居乐业。昆山市人大常委会作为全国人大法工委第二批基层立法联系点在2020年8月挂牌后，凡属重大改革都在台胞中广泛调研、听取意见。《昆山深化两岸产业合作试验区条例》就是在这样的基础上立法和实施的。2020年12月，在乡村振兴促进法草案审议期间，他们还把昆山市落实乡村振兴战略的具体举措及典型案例一并"打包"上报，为国家立法提供了"昆山样本"。在广东，江门市江海区是侨乡，这里也是广东唯一的全国人大常委会法工委基层立法联系点。显然，国家希望在立法中能够反映"侨乡声音"。这个基层立法联系点设立两年多时间里，就完成包括全国人大常委会法工委下发的28部法律草案意见征集在内的共51部法律法规草案的意见征集，上报946条意见（104条被采纳），其中上报全国人大常委会法工委的意见729条；他们还同时完成6份调研报告和立法建议。在立法意见征集过程中，他们十分注意倾听涉侨单位的意见。江门市侨商总会有关同志说："作为港澳人士，我对国家愿意倾听基层的声音、践行民主立法感觉到骄傲。站在侨商总会的角度，我希望能把更多华人华侨、港澳同胞的声音传递到国家立法机关。"

第五，全过程人民民主注重把民主与民生结合起来，把人民幸福生活作为民主的最高追求。

　　无论是人大代表的"家站点"，还是基层立法联系点，在联系人民群众和做好立法工作的进程中，做得最多的工作是为人民群众排忧解难。因为有了人大代表"家站点"，人民群众需要解决的急难愁盼之事，就可以通过人大代表及时给予解决。有的社区由于历史遗留下来的问题导致周边环境脏乱差，给人民群众的生活带来许多不便，人大代表出面协调各个产权单位，使得许多难题很快就得到解决。在天津市，有居民到社区的人大代表联络站反映，个别高层住宅楼出现高空抛物的现象。人大代表及时以人大代表的身份提交了关于解决这一问题的建议。很快，物业方主动找到人大代表，以诚恳的态度拿出了解决这一问题的具体办法。社区群众由衷地称赞道："有了人大代表联络站，社区里好多难题都比过去解决得更顺畅。如今小区的活动广场增添了儿童游乐设施，老化的残疾人坡道也焕然一新，人大代表真是为人民啊！"在上海，关于视障人士的导盲犬能不能进入公共场所、残疾人乘公交车怎么能够更方便等问题能够顺利解决，即特定群体的人权能够得到有效保障，就是在人大代表的辛勤工作和各个部门共同努力下立法解决的。在《中华人民共和国民法典》正式施行后，江苏省昆山市人大常委会根据民法典有关规定，推动市住建局将物业企业执行"防疫、防火、防污染、防高空坠物、防公共安全事故"等条款纳入《昆山市前期物业服务协议》。社区的生活垃圾如何处理好，历来是老百姓意见最多的问题。根据《浙江省生活垃圾管理条例》和《杭州市生活垃圾管理条例》，杭州湖滨街道的立法信息员提出："清理楼道垃圾不能光由社区、物业'单打独斗'，建议与消防安全、垃圾分类、疫情防控等工作紧密结合，统筹推进。"湖滨街道以此为思路推出了楼道清理"五步法"，由社区宣传发动、居民动手整理、物业清运消杀、消防安全排查、行政执法现场指导，五方力量各司其职、合力保障公共空间整洁、生命通道畅通。北京市一位市人大代表经常说："千万别把群众的小事不当回事，我们在家站接待人民群众，一定要做到'民有所呼、我有所应'，如果小事都得不到回应，遇到大事、难事，谁还会来找你？"这些生动案例和朴素话语，饱含着深深的为民情怀，同时也彰显了中国式民主始终把人民幸福生活作为民主的最高追求。

总之，中国式现代化之所以强调要发展全过程人民民主，就在于全过程人民民主是最广泛、最真实、最管用的民主，是社会主义民主政治的本质属性。我们之所以要通过发展全过程人民民主，来实现中国式现代化，也在于这一中国式民主不是口号，不是摆设，更不是装饰品，能够在"众人的事情由众人商量"的进程中，让广大人民群众真实地享有人民民主，让亿万人民群众在中国式现代化推进过程中充分发挥无穷无尽的创造活力。

第四节　在物质富足和精神富有的协调
　　　　发展中推进中国式现代化

　　邓小平等老一辈革命家早就指出，物质贫困不是社会主义，精神贫乏也不是社会主义。他们强调，建设社会主义现代化国家不能只讲物质文明，不讲精神文明，形成了"两个文明两手抓，两手都要硬"的方针。中国特色社会主义进入新时代后，以习近平同志为核心的党中央强调在我国经济由高速增长阶段转向高质量发展阶段之际，更要牢固树立共产主义远大理想和中国特色社会主义共同理想，培育和践行社会主义核心价值观，不断增强意识形态领域主导权和话语权，推动中华优秀传统文化创造性转化、创新性发展，继承革命文化，发展社会主义先进文化，不忘本来、吸收外来、面向未来，更好构筑中国精神、中国价值、中国力量，为人民提供精神指引。坚持物质文明和精神文明协调发展，是中国式现代化探索过程中积累的重要经验。因此,党的二十大报告在强调中国式现代化包括物质文明和精神文明相协调这一"中国特色"的时候,深刻指出:"物质富足、精神富有是社会主义现代化的根本要求。"[①]

党的二十大报告提出的这一重大论断,至少包含了三层含义:一是强调中国式现代化是物质文明和精神文明相协调的,而不是物质主义膨胀的现代化。二是强调社会主义现代化必须具有物质富足和精神富有"两个富"。只有物质富足,没有精神富有不是社会主义现代化;只有精神富有,没有物质富足也不是社会主义现代化。三是强调物质富足和精神富有这"两个富"是社会主义现代化的"根本要求"。"根本要求"这四个字,意味着各个地方和同一地方的各个发展阶段在推进"两个富"的实践过程中会有时间上或程度上的落差。我们强调实现社会主义现代化要艰苦奋斗,就是因为我们不可能一开始就具有"物质富足"的条件,但"精神富有"可以弥补"物质不足"的不足。当然,"两个富"的落差也不能太大、时间不能太久,必须避免落差过大、时间过久而影响人民群众的积极性,导致影响现代化的顺利推进。

那么,什么是"精神富有"呢?这一概念的科学内涵需要我们深入探讨。

---

① 习近平:《高举中国特色社会主义伟大旗帜 为全面建设社会主义现代化国家而团结奋斗——在中国共产党第二十次全国代表大会上的报告》,人民出版社 2022 年版,第 22 页。

第一,"精神富有"是社会不断进步条件下包括文化、教育不断发展条件下每个人的"精神富有"。"精神富有"指的是"社会"意义上的"富有",还是"个人"意义上的"富有",是需要思考的。如果说是"社会"意义上的"富有",那是不是意味着一个地方教育和文化发展了,人们的精神就"富有"了?如果说是"个人"意义上的"富有",那是不是意味着一个地方的教育和文化不那么发展,人们的精神也可以"富有"?恐怕都不能这样说。我们过去生活在经济和文化、教育并不那么发展的社会环境中,但我们的精神并不那么贫乏。倒是在经济和文化、教育发展的进程中,在许多人身上出现了精神空虚、思想苦闷等问题。同样,我们也看到正是在经济和文化、教育不断发展的历史进程中,人们的精神生活越来越丰富,精神富有的人群也越来越扩大。所以,"精神富有"不能简单地看作是"社会"意义上的"富有",或者简单地看作是"个人"意义上的"富有",而应该看作是社会不断进步条件下包括文化、教育不断发展条件下每个人的"精神富有"。也就是说,不能离开社会的进步特别是文化、教育的发展讲"精神富有",但最终要落脚到每个人的"精神富有"。"精神富有"如果不能落脚到一个个具体的"个人",就没有真正的"精神富有"。

第二,"精神富有"和"精神文明"密不可分,但主要和人的理想信念有关。"精神富有"和"精神文明"是什么关系,也是需要思考的。精神文明指的是人的精神生活的进步状态,包括精神生活方方面面丰富多样的内容，但其核心是我们党更强调的理想信念。邓小平指出："所谓精神文明，不但是指教育、科学、文化（这是完全必要的），而且是指共产主义的思想、理想、信念、道德、纪律，革命的立场和原则，人与人的同志式关系，等等。学习和培养这些革命精神，并不需要多么好的物质条件，也不需要多么高的教育程度。我们不是靠马克思主义的科学理论和上述的革命精神参加革命到现在吗？从延安到新中国，除了靠正确的政治方向以外，不是靠这些宝贵的革命精神吸引了全国人民和国外友好人士吗？"[①] 从这段论述中，我们可以体会到两点，一点是在"精神文明"诸多内容中，理想信念教育更为根本；另一点是"精神富有"和"精神文明"密不可分，但主要和人的理想信念有关。比如精神文明建设包括教育、科学、文化建设等丰富内容，是不是受教育程度比较高的人就一定"精神富有"呢？不见得。事实上，无论在历史上，还是在现实生活中，我们不仅看到一些"物质富足"而没有信仰和追求的人是"精神贫乏"之徒，一些受教育程度很高而没有信仰和追求的人也是"精神贫乏"之人。惟有那些具有坚定信仰和精神追求的人，才是"精神富有"的人，而不论他们是不是物质富足，或者受过多少文化教育。也就是说，要实现"精神富有"，不仅要在推进物质文明建设的时候加大精神文明建设的力度，而且要在精神文明建设进程中，在全

---

① 《邓小平文选》第二卷，人民出版社1994年版，第367页。

面加强教育、科学、文化建设进程中,加大马克思主义科学信仰和理想信念教育的力度。人民有信仰,国家才有力量,民族才有希望。

第三,社会主义现代化需要的是拥有马克思主义科学信仰的"精神富有"的人。实现社会主义现代化需要什么样的"精神"和什么样"精神富有"的人,同样需要思考。从世界现代化历史来看,现代化从来就不是一个单一的物质生产力发展的过程。各个国家和地区的现代化都是在一定的思想文化条件下发生和推进的。在欧洲,资本主义的兴起,工业革命的发展,和文艺复兴、宗教改革和启蒙运动有着密不可分的关系。不仅如此,不同的历史文化总是会给各个国家、各个地区的现代化打上不同的文化印记,并由此形成"盎格鲁—撒克逊模式"的现代化、"莱茵河模式"的现代化、"斯堪的纳维亚模式"的现代化,等等。也就是说,我们不能简单地说那些国家和地区的现代化,只有"物质富足"而没有"精神"或"精神富有"。问题不在它们有没有精神,而在于它们富有的是什么样的精神。你看,那些国家和地区在现代化进程中不也出现了"物质主义膨胀"和精神空虚甚至道德败坏等问题吗?有专家认为,这是因为那些国家和地区在文艺复兴、宗教改革和启蒙运动后期过于突出个人价值而走向反面。应该讲,这种分析是很有见地的,但从根本上说,这是由资本主义根深蒂固的资本逐利性所决定的。比如亚洲"四小龙"在推进现代化进程中更重视儒学这种东方文化以及与此相联系的家国情怀的作用，但其作为资本主义的现代化，也没能避免"物质主义膨胀"和精神空虚甚至道德败坏等问题的发生。因此，一般意义上讲思想、文化、道德、情怀、宗教的作用，无法讲清楚现代化进程中在"物质富足"的同时怎么实现"精神富有"的问题，更无法讲清楚我们的现代化需要什么样的"精神富有"的人。具体问题要具体分析。我们研究"精神富有"问题，要研究的是：实现社会主义现代化需要什么样的"精神"和"精神富有"的人。我们要实现的现代化是中国式现代化，是社会主义现代化。我们的现代化有我们自己的精神支撑。这个精神支撑，就是马克思主义科学信仰，就是中国特色社会主义共同理想，就是习近平新时代中国特色社会主义思想。由此决定了，我们的社会主义现代化需要的是拥有精神支撑的"精神富有"的人。

我们讨论了怎么认识"物质富足、精神富有是社会主义现代化的根本要求"，又讨论了怎么认识"精神富有"，最后还要进一步讨论怎么实现这"两个富"并优化其实现路径。

如果把"物质富足"和"精神富有"都看作是一个从"不富"到"富"的发展过程，并把这个过程放到一个坐标系统上去考察（见下图）。"物质富足"是横坐标，"精神富有"是纵坐标。两个坐标相交，形成四个阈值。右上方为第一阈，是在"物质富足"的同时达到"精神富有"的阶段，这是我们追求的理想目标。左下方为第四阈，即"物质贫乏"而又"精神贫乏"的阶段。我们把它看作是探讨"物质富足"和"精神富有"实现路径的起点。右下方和左上方分别为第二阈和第三阈，右下方（第二阈）是"物质富足"而"精神贫乏"的阶段；左上方（第三阈）是"物质贫乏"而"精神富有"的阶段。

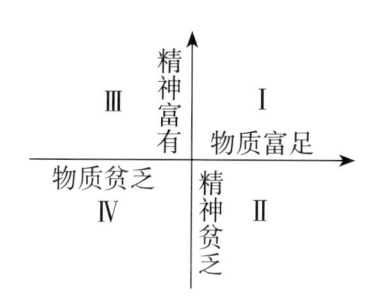

```
        精
        神
   Ⅲ    富    Ⅰ
        有
            物质富足
  ─────────┼─────────→
   物质贫乏 精
        神
   Ⅳ    贫    Ⅱ
        乏
```

怎么从第四阈即既"物质贫乏"又"精神贫乏"的阶段，迈向第一阈即"物质富足"的同时达到"精神富有"的阶段？我们面前有三条路径：第一条路径，是从第四阈出发，经过第二阈即"物质富足"而"精神贫乏"的阶段，再走向第一阈，实现"两个富"。这是一条先抓"物质"后抓"精神"的路径，由于这一路径缺乏精神支撑，在现代化进程中往往会经历许多曲折甚至挫折。第二条路径，是从第四阈出发，经过第三阈即"物质贫乏"而"精神富有"的阶段，再走向第一阈，实现"两个富"。这是一条先抓"精神"后抓"物质"的路径，短期内会有进展，但由于在现代化进程中缺乏物质基础，长期很难持久，也会经历曲折和挫折。最佳的实现路径，应该是第三条路径，即从第四阈出发，在不断增加"物质富足"程度的同时，不断增加"精神富有"的程度，即在"物质富足"和"精神富有"的相互协调、相互促进中，经过纵横坐标相交的原点，直奔第一阈，实现"两个富"。

当然，在"物质富足"和"精神富有"的相互协调、相互促进的进程中，也会因为种种主客观因素，有的时候抓"物质"多一些、重一些，有的时候抓"精神"多一些、重一些，有一定的时间和程度的落差，但不脱离两者相互协调、相互促进的实现路径。只有这样，我们才能把党的二十大报告提出的"两个富"的"根本要求"变为中国式现代化的现实。

第五节　在扎实推动共同富裕中
推进中国式现代化

共同富裕是社会主义的本质要求，也是中国式现代化的重要特征。这就要求我们采取有效的措施，在扎实推动共同富裕中推进中国式现代化。也就是说，共同富裕既是中国式现代化的本质要求，又是推进中国式现代化的重大战略任务。

在马克思主义的词典里，"共同富裕"作为社会主义的本质要求，以"解放生产力，发展生产力"为前提，和"消灭剥削，消除两极分化"紧密相联系，是一个相当长的历史过程。尤其是，对于尚处于社会主义初级阶段的中国来说，要在经济社会发展过程中实现共同富裕绝非易事。而且，我们说的共同富裕是全体人民共同富裕，是人民群众物质生活和精神生活都富裕，不是少数人的富裕，也不是整齐划一的平均主义，更需要我们整体谋划、分步推进。我们不能因为这是社会主义的本质要求，就急于求成，即刻实现共同富裕；我们也不能因为实现共同富裕是一个相当长的历史过程，就无所作为。因此，在中国共产党为实现共同富裕而奋斗的历史长河中，总是联系各个阶段的革命实践，一个阶段一个阶段地走向共同富裕的崇高目标。通过人民大革命，推翻"三座大山"，实现人民当家作主，是走向共同富裕的一个重要阶段；通过社会主义改造，建立社会主义基本经济制度，是走向共同富裕又一个重要阶段；在改革开放和社会主义现代化建设中，在让一部分人先富起来的同时，开展扶贫、脱贫，也是走向共同富裕的重要阶段。党的十八大以来，以习近平同志为核心的党中央把握发展阶段新变化，把逐步实现全体人民共同富裕摆在更加重要的位置上，推动区域协调发展，采取有力措施保障和改善民生，打赢脱贫攻坚战，历史性地解决绝对贫困问题，为促进共同富裕创造了良好条件。与此同时，以习近平同志为核心的党中央也清醒地看到，我国发展不平衡不充分问题仍然突出，城乡区域发展和收入分配差距较大；新一轮科技革命和产业变革有力推动了经济发展，也对就业和收入分配带来深刻影响，包括一些负面影响，需要有效应对和解决。习近平总书记还指出："当前，全球收入不平等问题突出，一些国家贫富分化，中产阶层塌陷，导致社会撕裂、政治极化、民粹主义泛滥，教训十分深刻！我国必须坚决防止两极分化，促进共同富裕，实现社会和谐安定。"正是基于这样的认识，习近平总书记强调："现在，已经到了扎实推动共同富裕的历史阶段。"①

首先,为在扎实推动共同富裕中推进中国式现代化,党中央制定了分阶段促进共同富裕的目标。这就是:到"十四五"末,全体人民共同富裕迈出坚实步伐,居民收入和实际消费水平差距逐步缩小;到2035年,全体人民共同富裕取得更为明显的实质性进展,基本公共服务实现均等化;到21世纪中叶,全体人民共同富裕基本实现,居民收入和实际消费水平差距缩小到合理区间。

其次,为在扎实推动共同富裕中推进中国式现代化,党中央提出了促进共同富裕要把握好的重要原则。这就是:第一,鼓励勤劳创新致富。这是因为,幸福生活都是奋斗出来的,共同富裕要靠勤劳智慧来创造。我们要坚持在发展中保障和改善民生,把推动高质量发展放在首位,为人民提高受教育程度、增强发展能力创造更加普惠公平的条件,提升全社会人力资本和专业技能,提高就业创业能力,增强致富本领。要防止社会阶层固化,畅通向上流动通道,给更多人创造致富机会,形成人人参与的发展环境,避免"内卷""躺平"。第二,坚持基本经济制度。我们要立足社会主义初级阶段,坚持"两个毫不动摇"。要坚持公有制为主体、多种所有制经济共同发展,大力发挥公有制经济在促进共同富裕中的重要作用,同时要促进非公有制经济健康发展、非公有制经济人士健康成长。要允许一部分人先富起来,同时要强调先

---

① 习近平:《扎实推进共同富裕》,《求是》2021年第20期,第4页。

富带后富、帮后富，重点鼓励辛勤劳动、合法经营、敢于创业的致富带头人。靠偏门致富不能提倡，违法违规的要依法处理。第三，尽力而为量力而行。这就是要建立科学的公共政策体系，把蛋糕分好，形成人人享有的合理分配格局。要以更大的力度、更实的举措让人民群众有更多获得感。同时，也要看到，我国发展水平离发达国家还有很大差距。要统筹需要和可能，把保障和改善民生建立在经济发展和财力可持续的基础之上，不要好高骛远，吊高胃口，作兑现不了的承诺。政府不能什么都包，重点是加强基础性、普惠性、兜底性民生保障建设。即使将来发展水平更高、财力更雄厚了，也不能提过高的目标，搞过头的保障，坚决防止落入"福利主义"养懒汉的陷阱。第四，坚持循序渐进。习近平总书记指出，共同富裕是一个长远目标，需要一个过程，不可能一蹴而就，对其长期性、艰巨性、复杂性要有充分估计，办好这件事，等不得，也急不得。一些发达国家工业化搞了几百年，但由于社会制度原因，到现在共同富裕问题仍未解决，贫富悬殊问题反而越来越严重。我们要有耐心，实打实地一件事一件事办好，提高实效。[①]

再次，为在扎实推动共同富裕中推进中国式现代化，党中央提出了促进共同富裕的总思路和实现路径。党中央提出的总思路是：坚持以人民为中心的发展思想，在高质量发展中促进共同富

---

① 习近平：《扎实推进共同富裕》，《求是》2021年第20期，第5—7页。

裕，正确处理效率和公平的关系，构建初次分配、再分配、三次分配协调配套的基础性制度安排，加大税收、社保、转移支付等调节力度并提高精准性，扩大中等收入群体比重，增加低收入群体收入，合理调节高收入，取缔非法收入，形成中间大、两头小的橄榄型分配结构，促进社会公平正义，促进人的全面发展，使全体人民朝着共同富裕目标扎实迈进。[①]根据这个总思路，党中央提出了六大实现路径。这就是：（1）提高发展的平衡性、协调性、包容性。（2）着力扩大中等收入群体规模。（3）促进基本公共服务均等化。（4）加强对高收入的规范和调节。（5）促进人民精神生活共同富裕。（6）促进农民农村共同富裕。令人印象深刻的是，习近平总书记强调，促进共同富裕，重点在推动更多低收入人群迈入中等收入行列；最艰巨最繁重的任务仍然在农村。为了扩大中等收入人群，把低收入群体列为促进共同富裕的重点帮扶保障人群；同时，把高校毕业生、技术工人、中小企业主和个体工商户、进城农民工、公务员特别是基层一线公务员及国有企事业单位基层职工作为中等收入群体的重要组成部分，强调要增加他们的收入，包括增加城乡居民住房、农村土地、金融资产等各类财产性收入。为了促进农民农村共同富裕，他强调要巩固拓展脱贫攻坚成果，对易返贫致贫人口要加强监测、及早干预，对脱贫县要扶上马送一程，确保不发生规模性返贫和新的致贫。他还强调，

[①] 习近平：《扎实推进共同富裕》，《求是》2021年第20期，第7页。

全面推进乡村振兴，要加快农业产业化，盘活农村资产，增加农民财产性收入，使更多农村居民勤劳致富；要加强农村基础设施和公共服务体系建设，改善农村人居环境。

习近平总书记还指出，像全面建成小康社会一样，全体人民共同富裕是一个总体概念，是对全社会而言的，不要分成城市一块、农村一块，或者东部、中部、西部地区各一块，各提各的指标，要从全局上来看。我们要实现14亿多人共同富裕，必须脚踏实地、久久为功，不是所有人都同时富裕，也不是所有地区同时达到一个富裕水准，不同人群不仅实现富裕的程度有高有低，时间上也会有先有后，不同地区富裕程度还会存在一定差异，不可能齐头并进。这是一个在动态中向前发展的过程，要持续推动，不断取得成效。①

---

① 习近平：《扎实推进共同富裕》，《求是》2021年第20期，第8页。

第六节　在人与自然和谐共生中推进中国式现代化

生态文明建设，是中国式现代化"系统工程"的重要亮点。根据美国航天局卫星数据，2000年至2017年间，全球新增绿化面积中约1/4来自中国。我国引领全球气候变化谈判进程，积极推动《巴黎协定》的签署、生效、实施，宣布力争于2030年前实现二氧化碳排放达到峰值、2060年前实现碳中和。我国生态文明建设取得的成就，不仅得到了中国人民的广泛赞誉，而且得到了国际社会广泛肯定。这得益于习近平生态文明思想的指引。

习近平生态文明思想作为习近平新时代中国特色社会主义思想的重要组成部分，源自当代中国的现代化实践，又在新时代中国现代化实践中不断丰富、充实和发展，是中国共产党人对人类文明的重大贡献。我们都知道，习近平总书记对生态环境保护工作历来十分重视。他在延安市梁家河担任大队党支部书记的时候，就到四川学习沼气技术，带领群众修建沼气池，不仅解决了农民的用电、做饭等问题，也为保护山林做出了贡献。他后来在河北、福建、浙江、上海等地工作期间，始终把生态环境保护作为一项重大工作来抓。"绿水青山就是金山银山"就是他主政浙江时在湖州安吉提出的。党的十八大以来，他先后就甘肃祁连山生态破坏、陕西秦岭北麓违建别墅、青海木里矿区非法开采等典型案例作出指示批示，要求严肃查处，扭住不放，一抓到底，不彻底解决绝不松手，确保绿水青山常在、各类自然生态系统安全稳定。尤其是他带领全党全国各族人民治雾霾、抗疫情，保护母亲河、减少碳排放，采取有力措施建设美丽中国，取得了明显的成效。新时代这十年，是绿色发展深入人心、改变山河的十年。习近平生态文明思想就是在这样丰富的实践中形成的。

习近平生态文明思想是马克思主义关于人与自然关系的思想和当代中国实际相结合的产物。2018年5月4日，在纪念马克思诞辰200周年大会上，习近平总书记特别强调，学习马克思，就要学习和实践马克思主义关于人与自然关系的思想。马克思认为，人类在同自然的互动中生产、生活、发展，人类善待自然，自然也会馈赠人类，但"如果说人靠科学和创造性天才征服了自然力，那么自然力也对人进行报复"。[①]他还多次引用恩格斯在《自然辩

[①] 中共中央党史和文献研究院编：《十九大以来重要文献选编》（上），中央文献出版社2019年版，第431页。

证法》中关于美索不达米亚、希腊、小亚细亚以及其他各地的居民，为了得到耕地而毁灭了森林，结果做梦也想不到，这些地方竟因此而成为不毛之地的教训，告诫全党要以对人民群众、对子孙后代高度负责的态度和责任来保护生态。

习近平生态文明思想同时是中国共产党自新中国成立以来特别是改革开放以来的历史经验的继承和发展。习近平总书记强调，历届党中央提出的关于根治大江大河、绿化中国、节约资源、保护环境、可持续发展、人与自然和谐相处等思想，是我们的宝贵思想财富。与此同时，他实事求是地指出，现在，我们已到了必须加大生态环境保护力度的时候了，也到了有能力做好这件事情的时候了。一方面，多年快速发展积累的生态环境问题已经十分突出，不仅影响经济社会可持续发展，而且对人民群众健康的影响已经成为一个突出的民生问题；另一方面，今天我们已经具备解决好这个问题的条件和能力了，过去为了多生产粮食不得不毁林毁草填湖造田，现在温饱问题稳定解决了，保护生态环境就应该而且必须成为发展的题中应有之义。

习近平生态文明思想也是中华优秀传统文化的弘扬和发展。中华民族向来尊重自然、热爱自然，绵延5000多年的中华文明孕育着丰富的生态文化。《周易》说，"观乎天文，以察时变；观乎人文，以化成天下"。[①]《老子》说："人法地，地法天，天法道，

---

① 《周易》，国家图书馆出版社2017年版，第212页。

道法自然。"①《齐民要术》中有"顺天时，量地利，则用力少而成功多"②的记述。这些著述表达了我们的先人对处理人与自然关系的重要认识，强调要把天地人统一起来、把自然生态同人类文明联系起来，按照大自然规律活动，取之有时，用之有度。习近平总书记对这些历史经验不仅十分熟悉，而且高度重视，他指出，我国古代很早就把关于自然生态的观念上升为国家管理制度，专门设立掌管山林川泽的机构，制定政策法令，这就是虞衡制度。对此，他要求我们认真总结研究。

显然，习近平生态文明思想是习近平新时代中国特色社会主义思想的重要组成部分，是我们开辟社会主义生态文明新时代，建设美丽中国，实现中华民族伟大复兴中国梦的行动指南。

第一，习近平生态文明思想强调生态文明是人类社会进步的重大成果。习近平总书记深刻指出，人类经历了原始文明、农业文明、工业文明，生态文明是工业文明发展到一定阶段的产物，是实现人与自然和谐共生的新要求。历史地看，生态兴则文明兴，生态衰则文明衰。古今中外，这方面的事例众多。③这样从人类文明史的高度阐述生态文明的极端重要性，体现了习近平生态文明思想的深刻性。

第二，习近平生态文明思想强调要把人与自然看作是一个生

---

① 《老子》，国家图书馆出版社2017年版，第116页。
② 《齐民要术》，科学出版社2019年版，第70页。
③ 《习近平关于社会主义生态文明建设论述摘编》，中央文献出版社2017年版，第6页。

命共同体。习近平总书记深刻地指出，山水林田湖草沙是一个生命共同体。这个生命共同体是人类生存发展的物质基础。也就是说，生态是统一的自然系统，是相互依存、紧密联系的有机链条，要把它们作为一个整体、一个系统来把握。与此同时，习近平总书记指出："自然是生命之母，人与自然是生命共同体，人类必须敬畏自然、尊重自然、顺应自然、保护自然。"[1]也就是说，"生命共同体"有两个层次，大自然是一个生命共同体，人与自然又是一个生命共同体，这是一个更高层次的生命共同体。可以说，"生命共同体"思想理念，是习近平生态文明思想的基石。我们只有深刻认识了这两个层次的"生命共同体"，才能真正懂得习近平生态文明思想的科学价值及其对我国生态文明建设的意义以及对人类文明的贡献。

第三，习近平生态文明思想强调要正确认识和处理好经济发展同生态环境保护的关系。改革开放以来，我们已经确立了"以经济建设为中心""根本任务是发展生产力""发展才是硬道理"等科学理念，而且深入人心。当我们今天强调要抓生态文明建设，在处罚甚至关停一些污染比较大的企业的时候，有人对经济与环保的关系发生了困惑。其实，这个问题不是现在才产生的。长期以来，我们在这个问题上一直有三种思路、三个公式：一是"只要有金山银山，可以牺牲绿水青山"；二是"先致富，后治污"；

---

[1] 中央党史和文献研究院编：《十九大以来重要文献选编》（上），中央文献出版社2019年版，第431页。

三是"绿水青山就是金山银山"。我们知道，这里的第三个公式是习近平提出的。2013年5月24日在中央政治局集体学习时，习近平总书记提出"要正确处理好经济发展同生态环境保护的关系"这一深刻命题，指出要牢固树立"保护生态环境就是保护生产力、改善生态环境就是发展生产力"①的理念。也就是说，我们不能把经济与环保机械地对立起来，而要更加自觉地推动绿色发展、循环发展、低碳发展，决不能以牺牲环境为代价去换取一时的经济增长。

第四，习近平生态文明思想强调推动形成绿色发展方式和生活方式是发展观的一场深刻革命。之所以强调这是"深刻革命"，不仅在于这件事的重要性，而且在于做好这件事的艰巨性、紧迫性和复杂性。推动形成绿色发展方式和生活方式，必定会触及许多传统的思想观念和民间习俗，触及一些人的既得利益，必须进一步解放思想，转变观念，破除陈习。推动形成绿色发展方式和生活方式，同时也必定会触及许多已经不合事宜的制度和法律，触及形式主义、官僚主义等积弊，必须进一步加大改革的力度。因此，推动形成绿色发展方式和生活方式，必定是一个全面深化改革和全面加强法治的过程。习近平总书记说，只有实行最严格的制度、最严密的法治，才能为生态文明建设提供可靠的保障。

第五，习近平生态文明思想强调要尊重三大规律，创造三大

---

① 《习近平在中共中央政治局第六次集体学习时强调坚持节约资源和保护环境基本国策努力走向社会主义生态文明新时代》，《人民日报》2013年5月25日。

效益。这是习近平总书记在重庆论述长江经济带"共抓大保护、不搞大开发"的时候指出的。所谓尊重三大规律，就是要尊重自然规律、经济规律和社会规律；所谓创造三大效益，就是要使绿水青山产生巨大的生态效益、经济效益和社会效益。我们学习和领会习近平生态文明思想，归根到底，就是要尊重绿色发展规律，并使之同尊重经济规律、社会规律辩证地统一起来，学会在尊重这三大规律的同时，坚持生态优先、绿色发展的战略定位，探索绿色发展途径，创造绿色发展的生态效益、经济效益和社会效益。

没有正确的理论，就没有成功的实践。正因为我们在实践中形成了习近平生态文明思想这一当代中国马克思主义、21世纪马克思主义的最新成果，才有了新时代中国生态文明建设的成功实践和重大成就。

——在习近平生态文明思想引领下，党的十八大以来，我们加强党对生态文明建设的全面领导，把生态文明建设摆在全局工作的突出位置，作出一系列重大战略部署。在"五位一体"总体布局中，生态文明建设是其中一位；在新时代坚持和发展中国特色社会主义的基本方略中，坚持人与自然和谐共生是其中一条；在新发展理念中，绿色是其中一项；在三大攻坚战中，污染防治是其中一战；在到本世纪中叶建成社会主义现代化强国目标中，美丽中国是其中一个；在中国式现代化的中国特色和本质要求中，人与自然和谐共生是其中之一。这充分体现了我们对生态文明建设重要性的认识，明确了生态文明建设在党和国家事业发展全局中的重要地位。

——在习近平生态文明思想引领下,党的十八大以来,我们全面加强生态文明建设,系统谋划生态文明体制改革,一体治理山水林田湖草沙,开展了一系列根本性、开创性、长远性工作,决心之大、力度之大、成效之大前所未有,生态文明建设从认识到实践都发生了历史性、转折性、全局性的变化。10多年来,蓝天白云重新展现,绿色版图不断扩展,绿色经济加快发展,能耗物耗不断降低,浓烟重霾有效抑制,黑臭水体明显减少,城乡环境更加宜居,美丽中国建设迈出坚实步伐,"绿水青山就是金山银山"的理念成为全党全社会的共识和行动。实践表明,生态环境保护和经济发展是辩证统一、相辅相成的,建设生态文明、推动绿色低碳循环发展,不仅可以满足人民日益增长的优美生态环境需要,而且可以推动实现更高质量、更有效率、更加公平、更可持续、更为安全的发展,走出一条生产发展、生活富裕、生态良好的文明发展道路。与此同时,我们也清醒地认识到,生态环境修复和改善,是一个需要付出长期艰苦努力的过程,不可能一蹴而就,必须坚持不懈、奋发有为。

——在习近平生态文明思想引领下,党的十八大以来,我们提高生态环境领域国家治理体系和治理能力现代化水平。要健全党委领导,政府主导,企业主体、社会组织和公众共同参与的现代环境治理体系,构建一体谋划、一体部署、一体推进、一体考核的制度机制。要深入推进生态文明体制改革,强化绿色发展法律和政策保障，健全自然资源资产产权制度和法律法规。要完善环境保护、节能减排约束性指标管理，建立健全稳定的财政资金投入机制。要全面实行排污许可制，推进排污权、用能权、用水权、碳排放权市场化交易，建立健全风险管控机制。要大力宣传绿色文明，增强全民节约意识、环保意识、生态意识，倡导简约适度、绿色低碳的生活方式，把建设美丽中国转化为全体人民自觉行动。

——在习近平生态文明思想引领下，党的十八大以来，我们积极推动全球可持续发展。保护生态环境、应对气候变化，是全人类面临的共同挑战。我们要秉持人类命运共同体理念，积极参与全球环境治理，加强应对气候变化、海洋污染治理、生物多样性保护等领域国际合作，认真履行国际公约，主动承担同国情、发展阶段和能力相适应的环境治理义务，为全球提供更多公共产品，不断增强制度性权利，实现义务和权利的平衡，展现我国负责任大国形象。要发挥发展中大国的引领作用，加强南南合作以及同周边国家的合作，为发展中国家提供力所能及的资金、技术支持，帮助提高环境治理能力，共同打造绿色"一带一路"。要坚持共同但有区别的责任原则、公平原则和各自能力原则，坚定维护多边主义，有效应对一些西方国家对我国进行"规锁"的企图，坚决维护我国发展利益。

第七节　在推动构建人类命运共同体进程中推进中国式现代化

中国式现代化是走和平发展道路的现代化，其本质要求包括了"推动构建人类命运共同体，创造人类文明新形态"。因此，"中国式现代化"和"人类命运共同体"这两件事，已经紧密地联系在一起，两者相辅相成。一方面，在中国式现代化进程中推动构建人类命运共同体，是中国共产党在探索中国和平发展道路的历史进程中形成的，也是中国共产党为解决当今世界和平与发展等重大问题而提出的中国方案。这一理念的形成和发展，经历了从实践到认识，又从认识到实践的两次飞跃。需要指出的是，党的二十大把"推动构建人类命运共同体，创造人类文明新形态"作为中国式现代化的本质要求提出来，意味着这一理念在实践中进入一个新阶段，即在中国式现代化进程中推动构建人类命运共同体的阶段。另一方面，在推动构建人类命运共同体进程中推进中国式现代化，也是坚持走和平发展道路的中国式现代化的内在要求。只有坚定站在历史正确的一边、站在人类文明进步的一边，高举和平、发展、合作、共赢旗帜，而不走通过战争、殖民、掠夺等方式来实现现代化的老路，也不干涉别国内政，这样的现代化才是中国式现代化。在这个意义上，中国式现代化是"天下为公"的现代化，是能够和世界各国人民共享文明进步成果的现代化。

当今世界正处在一个重要历史时刻。习近平总书记曾经引用过狄更斯的话，说："这是最好的时代，也是最坏的时代。"[①]环顾全球，人们都在问："世界怎么了，我们怎么办？"对于我们今天所处的这一重要历史时刻，党中央有一个大判断。这就是：世界之变、时代之变、历史之变正以前所未有的方式展开，世界进入新的动荡变革期。这意味着，这个世界既有动荡带来的挑战，也有变革带来的希望。"动荡"和"变革"并存，"挑战"和"希望"同在，这就是处在历史十字路口的当今世界。正如党的二十大报告所指出的："我们所处的是一个充满挑战的时代，也是一个充满希望的时代。"[②]

面对新的动荡变革期的世界之变、时代之变、历史之变，我

---

① 《习近平谈治国理政》第二卷，外文出版社2017年版，第476页。
② 习近平：《高举中国特色社会主义伟大旗帜 为全面建设社会主义现代化国家而团结奋斗——在中国共产党第二十次全国代表大会上的报告》，人民出版社2022年版，第63页。

们怎么办？当今世界，和平处在十字路口，发展处在十字路口。既然是"十字路口"，也就是有好的和坏的或不好不坏的多种可能、多种选择。这是当今世界各个国家的人民都要考虑的问题。在和平的十字路口，是选择和平，构建人类命运共同体，还是选择以"民主"为名分裂世界的新冷战，甚至选择出于私利拱火推动的热战？在发展的十字路口，是选择可持续发展包括新一轮经济全球化，还是选择逆全球化以及与此相联系的单边主义、保护主义、霸凌主义？何去何从，取决于各国人民。人类经历过那么多热战和冷战的磨难，经历过那么多发展和萧条的反复，历史经验告诉人们：冷战和热战不是人类的出路，和平，构建人类命运共同体，才是最好的选择；逆全球化不会给人类带来幸福，坚持可持续发展包括推进新一轮经济全球化，才能给人类带来福祉。我们今天的任务，就是要回答在世界新的动荡变革期，怎么应对世界之变、时代之变、历史之变，怎么让世界在动荡中推进变革、在挑战中看到希望。

也就是说，我们要在新的动荡变革期如何应对世界之变、时代之变、历史之变这样一个大背景下来考察和讨论人类命运共同体问题。只有这样，我们才能够体会到党的二十大把"构建人类命运共同体，创造人类文明新形态"作为中国式现代化本质要求的意义，也才能够认识到我们的责任就是要在中国式现代化进程中推动构建人类命运共同体，就是要在推动构建人类命运共同体进程中推进中国式现代化。

在我们认识到今天的任务，是要在"中国式现代化"与"构建人类命运共同体"这两者相辅相成中推进的时候，就有一个问题摆到了我们面前：怎么践行这一崇高使命？我们注意到，在世界新的动荡变革期，为回答好怎么应对世界之变、时代之变、历史之变，习近平总书记以负责任大国领袖的身份，向世界发出了三个倡议，即：全球发展倡议、全球安全倡议、全球文明倡议。我们要向世界解读好这三个倡议，推动世界一起落实好这三个倡议，这是我们和世界人民的共同责任。

需要指出的是，构建人类命运共同体，创造人类文明新形态，毫无疑问，是中国为世界提供一个可以推进和平与发展，给各国人民带来福祉的和平方案、发展方案、文明方案。而中国向世界发出的全球发展倡议、全球安全倡议、全球文明倡议这三个倡议，贯穿于始终并强调指出的，就是中国要和世界人民一起构建人类命运共同体，创造人类文明新形态。

还需要指出的是，全球发展倡议、全球安全倡议、全球文明倡议这三个倡议是面向全世界的，同时又是和我们正在推进的中国式现代化相契合的。中国式现代化是融和平与发展于一体，致力于推动构建人类命运共同体的，能够造福中国和世界人民的现代化之路。我们将在中国式现代化的历史进程中，率先践行这三个倡议，以中国人民的模范行动来推动这三个倡议在中国落地、开花、结果；同时，我们也必将在践行这三个倡议的过程中，推进中国式现代化。我们能不能做到这一点？肯定能！

为什么我们有这样的底气呢？中国式现代化本身就是坚持走和平发展道路而不走对外扩张老路，要求推动构建人类命运共同体、创造人类文明新形态的现代化。中国式现代化和人类命运共同体不是两个问题，而是两者紧密相联系的，并能够在新的动荡变革期回答世界之变、时代之变、历史之变的同一个重大课题。这是因为，创造中国式现代化的中国人，是胸怀天下的中国人，是矢志为人类谋进步的中国共产党人；这是因为，中国式现代化不仅回答了中国这个世界最大的发展中国家实现现代化的许多难题，而且破解了世界各国在实现现代化进程中遇到的诸多难题；这更是因为，中国式现代化不仅包含了中国创造、中国经验、中国智慧，而且包含了人类的共同价值、共同梦想、共同追求。因此，中国式现代化是中国强国建设、民族复兴的唯一正确道路，构建人类命运共同体是推进中国式现代化的必由之路。

第八节　在"两个结合"中推进中国式现代化

怎么实现中国式现代化？归根结底，还是要在马克思主义基本原理同中国具体实际相结合、同中华优秀传统文化相结合的进程中，创造性地推进中国式现代化的实现。习近平总书记深刻指出，在"两个结合"中，"第二个结合"是又一次的思想解放。只有坚持"两个结合"，尤其是"第二个结合"，我们才能以宽广的世界眼光和务实的科学态度，推进中国式现代化的实现。

要读懂和把握这"两个结合"，首先要读懂三个关键词："马克思主义基本原理""中国具体实际""中华优秀传统文化"。这三个关键词，似乎一看就明白，但真要弄明白并不容易。习近平总书记在哲学社会科学工作座谈会、纪念马克思诞辰200周年大会等会议上反复强调，当代中国的伟大社会变革，不是简单延续我国历史文化的母版，不是简单套用马克思主义经典作家设想的模板，不是其他国家社会主义实践的再版，也不是国外现代化发展的翻版。这一重要论述在十九届六中全会通过的历史决议论述"两个结合"重要思想时再次被引用。[①]也就是说，我们要坚持"两个结合"重要思想，必须深入思考和研究三大问题：一是怎么科学地对待马克思主义基本原理，坚持马克思主义基本原理不是简单套用马克思主义经典作家设想的模板；二是怎么科学地分析中国的具体实际，当代中国的伟大社会变革决不是其他国家社会主义实践的再版，也不是国外现代化发展的翻版；三是怎么科学地认识中华优秀传统文化，继承和弘扬中华优秀传统文化不是要简单延续我国历史文化的母版。因此，"马克思主义基本原理""中国具体实际""中华优秀传统文化"这三个关键词，每一个都有需要我们认真研究的深层次问题。

要读懂和把握这"两个结合"，还要读懂一个更为重要的关键词："相结合"。"相结合"问题，是毛泽东在同主观主义特别是教条主义的斗争中提出的一个重要的认识论和方法论思想。在《〈共产党人〉发刊词》中，毛泽东在回顾总结党从幼年到逐步成熟的历史经验时，指出：在党的幼年时期，"对于马克思列宁主义的理论和中国革命的实践还没有完整的、统一的了解"，致使革命遭到失败；在土地革命战争时期能够开辟新道路，是由于我们

---

① 《中共中央关于党的百年奋斗重大成就和历史经验的决议》，人民出版社2021年版，第67页。

的干部"更多地学会了将马克思列宁主义的理论和中国革命的实践相结合",然而,也有一部分同志"对于马克思列宁主义的理论和中国革命的实践没有统一的理解",致使他们在这个伟大斗争中跌入了机会主义的泥坑;进入全民族抗日战争时期以来,"凭借党对于马克思列宁主义的理论和中国革命的实践之更加深入的更加统一的理解",取得了伟大的成功,同时也要看到党内大批新党员、新干部"对于马克思列宁主义的理论和中国革命的实践之完全的统一的理解,还相距很远"。①这段历史经验的总结,毛泽东紧扣"相结合"问题,即党和党的干部能否对马克思主义和中国实践作统一的理解,来判断中国共产党成熟与否。可见,能否解决好"相结合"而不是"相脱离"问题,和党的前途命运息息相关。今天,我们学习领会和讨论"两个结合",最重要的,依然是要解决好"相结合"这个重要问题。

需要指出的是,习近平总书记不仅坚持马克思主义基本原理同中国具体实际相结合,而且特别强调要坚持马克思主义基本原理同中华优秀传统文化相结合。2023年6月2日,习近平总书记在文化传承发展座谈会上,在论述"第二个结合"思想时,深刻指出:第一,"结合"的前提是彼此契合。马克思主义和中华优秀传统文化来源不同,但彼此存在高度的契合性。相互契合才能有机结合。第二,"结合"的结果是互相成就,造就了一个有机统一

---

① 《毛泽东选集》第二卷,人民出版社1991年版,第610、611、612页。

的新的文化生命体，让马克思主义成为中国的，中华优秀传统文化成为现代的，让经由"结合"而形成的新文化成为中国式现代化的文化形态。第三，"结合"筑牢了道路根基，让中国特色社会主义道路有了更加宏阔深远的历史纵深，拓展了中国特色社会主义道路的文化根基。中国式现代化赋予中华文明以现代力量，中华文明赋予中国式现代化以深厚底蕴。第四，"结合"打开了创新空间，让我们掌握了思想和文化主动，并有力地作用于道路、理论和制度。第五，"结合"巩固了文化主体性，创立新时代中国特色社会主义思想就是这一文化主体性的最有力体现。[①]事实上，以习近平同志为核心的党中央就是这么做的。

回顾历史，党的十八大以来，习近平总书记从提出"中国梦"开始，到强调"中华优秀传统文化已经成为中华民族的基因，植根在中国人的内心，潜移默化影响中国人的思想方式和行为方式"[②]，再到强调"文化自信"，等等，在党的历史上前所未有地强调要传承和弘扬中华优秀传统文化。尤其是在论述新时代怎么推进马克思主义中国化时，习近平总书记强调，中国特色社会主义的来源可以追溯到5000多年悠久的中华文明，中国特色社会主义植根于中华文化沃土；中国特色社会主义之"中国特色"就在于其中积淀着中华民族最深层的精神追求、最深厚的文化软实力；

[①] 《习近平在文化传承发展座谈会上强调担负起新的文化使命努力建设中华民族现代文明》，《人民日报》2023年6月3日。

[②] 《习近平谈治国理政》第一卷，外文出版社2018年版，第170页。

"坚定中国特色社会主义道路自信、理论自信、制度自信,说到底是要坚定文化自信。文化自信是更基本、更深沉、更持久的力量"①。因此,在推进"马克思主义基本原理同中国具体实际相结合"时,不仅要认识到"相结合"的客体即中国的具体实际中包括中华民族悠久的历史及其文化特质,还要认识到"相结合"的主体是具有中国人独特精神世界和强烈民族复兴意识的中国共产党人和中国人民。在这样的主体和这样的客体相互作用中推进的社会实践,必定是带有中华民族精神追求和历史追求的社会实践;在这样的社会实践基础上推进马克思主义中国化,必定是同中华优秀传统文化这一不可或缺的元素相结合的中国化。

我们在讨论"两个结合"重要思想时,不能仅仅谈论习近平总书记在什么讲话中引用了哪些古籍中的语言,这还是从形式上看问题,更要领会在习近平新时代中国特色社会主义思想中体现了中华民族哪些精彩的思想认识、精神追求和价值观。比如在"两个结合"重要论述指导下推进的马克思主义中国化时代化,习近平总书记强调提出的关于中国梦的思想、关于协商民主的思想、关于依法治国和以德治国相结合的思想、关于生态文明建设的思想、关于构建人类命运共同体的思想等,不仅在形式上,而且在内容上,都体现了中华优秀传统文化的思想精华和精神追求。

还要指出的是,我们只有完全懂得了"第二个结合"的创新

---

① 《习近平谈治国理政》第二卷,外文出版社2017年版,第339页。

意义，才能真正懂得"两个结合"的创新意义。2023年6月2日，习近平总书记在文化传承发展座谈会上深刻指出："'第二个结合'是又一次的思想解放，让我们能够在更广阔的文化空间中，充分运用中华优秀传统文化的宝贵资源，探索面向未来的理论和制度创新。"①

那么，为什么说"'第二个结合'是又一次的思想解放"呢？

首先，"第二个结合"破除了"西方中心主义"的思想禁锢。在"两个结合"中，我们知道，"第一个结合"是一次伟大的思想解放，主要是破除了我们党内长期存在的主观主义特别是对马克思主义的教条主义倾向。习近平总书记提出的"第二个结合"，和"第一个结合"联结在一起，不仅针对的是不从实际出发的形式主义、官僚主义作风，而且破除了"西方中心主义"的思想禁锢。在2023年2月7日举办的学习贯彻党的二十大精神研讨班开班式上，习近平总书记明确指出，"中国式现代化，打破了'现代化＝西方化'的迷思"。他强调："中国式现代化，深深植根于中华优秀传统文化，体现科学社会主义的先进本质，借鉴吸收一切人类优秀文明成果，代表人类文明进步的发展方向，展现了不同于西方现代化模式的新图景，是全新的人类文明形态。"②正是

---

① 《习近平在文化传承发展座谈会上强调担负起新的文化使命努力建设中华民族现代文明》，《人民日报》2023年6月3日。

② 《习近平在学习贯彻党的二十大精神研讨班开班式上发表重要讲话强调正确理解和大力推进中国式现代化》，《人民日报》2023年2月8日。

在这个意义上，我们说"'第二个结合'是又一次的思想解放"。

其次，"第二个结合"破除了"历史虚无主义"和"文化虚无主义"的迷雾。十月革命一声炮响，给我们送来了马克思列宁主义后，中国人在精神上由被动转入主动，那种看不起中国人、看不起中国文化的时代完结了。但是，有人以我们的社会主义实践中出现的失误为由头，以历史虚无主义和文化虚无主义的态度抹黑中国革命的历史，以轻蔑的口吻否定中华文明的价值。自中国特色社会主义进入新时代以来，以习近平同志为核心的党中央反复强调，要警惕这些错误思潮，要坚定中国特色社会主义的道路自信、理论自信、制度自信和文化自信。2023年6月2日，在文化传承发展座谈会上，习近平总书记进一步分析了中华文明具有突出的连续性、突出的创新性、突出的统一性、突出的包容性、突出的和平性，深刻指出："'第二个结合'，是我们党对马克思主义中国化时代化历史经验的深刻总结，是对中华文明发展规律的深刻把握，表明我们党对中国道路、理论、制度的认识达到了新高度，表明我们党的历史自信、文化自信达到了新高度，表明我们党在传承中华优秀传统文化中推进文化创新的自觉性达到了新高度。"[①]正是在这个意义上，我们说"'第二个结合'是又一次的思想解放"。

再次，"第二个结合"破除了简单延续中国历史文化的认识

[①] 《习近平在文化传承发展座谈会上强调担负起新的文化使命努力建设中华民族现代文明》，《人民日报》2023年6月3日。

误区。习近平总书记反复强调，我们不仅要正确认识马克思主义经典作家设想、其他国家社会主义实践和国外现代化发展的做法，还要正确认识我国历史文化。在今天强调要弘扬中华文明的时候，尤其要注意这一点。为此，习近平总书记多次指出要实现中华优秀传统文化的"创造性转化"和"创新性发展"。在文化传承发展座谈会上，他进一步强调："中国文化源远流长，中华文明博大精深。只有全面深入了解中华文明的历史，才能更有效地推动中华优秀传统文化创造性转化、创新性发展，更有力地推进中国特色社会主义文化建设，建设中华民族现代文明。"[①] 提出"第二个结合"，一个重大的意义，就是使我们进一步认识新时代的文化使命，在新的起点上继续推动文化繁荣、建设文化强国、建设中华民族现代文明。正如习近平总书记所指出的："要坚定文化自信、担当使命、奋发有为，共同努力创造属于我们这个时代的新文化，建设中华民族现代文明。"[②] 正是在这个意义上，我们说"'第二个结合'是又一次的思想解放"。

与此同时，我们还要清醒地认识到，我们要坚持以马克思主义为根本指导思想实现同中华优秀传统文化的相结合，主导的方面是马克思主义基本原理，而不能本末倒置，或两者平分秋色。正如习近平总书记明确指出的："传统文化在其形成和发展过程

[①] 《习近平在文化传承发展座谈会上强调担负起新的文化使命努力建设中华民族现代文明》，《人民日报》2023年6月3日。

[②] 《习近平在文化传承发展座谈会上强调担负起新的文化使命努力建设中华民族现代文明》，《人民日报》2023年6月3日。

中，不可避免会受到当时人们的认识水平、时代条件、社会制度的局限性的制约和影响，因而也不可避免会存在陈旧过时或已经成为糟粕性的东西。"①

---

① 《习近平谈治国理政》第三卷，外文出版社2020年版，第313页。

第九节　推进中国式现代化是新时代最大的政治

2023年12月初，在给2023年"读懂中国"国际会议的贺信中，习近平提出"读懂中国，关键要读懂中国式现代化"[①]。10天后，他在中央经济工作会议上进一步提出："必须把推进中国式现代化作为最大的政治"[②]。接着，在辞旧迎新的全国政协新年茶话会上，他再次强调："以中国式现代化全面推进强国建设、民族复兴伟业，是新时代新征程党和国家的中心任务，是新时代最大的政治。"[③]这就告诉了我们，读懂中国的关键，就是要读懂中国式

---

① 《习近平向2023年"读懂中国"国际会议（广州）致贺信》，《人民日报》2023年12月03日。
② 《中央经济工作会议在北京举行》，《人民日报》2023年12月13日。
③ 《在全国政协新年茶话会上的讲话》（2023年12月29日），《人民日报》2023年12月30日。

现代化这一"新时代最大的政治"。我们应该很好地学习领会这一重要思想。

一、"新时代最大的政治"的提出体现了认识的新飞跃

要学习领会习近平强调的"以中国式现代化全面推进强国建设、民族复兴伟业，是新时代新征程党和国家的中心任务，是新时代最大的政治"，一要懂得什么是"最大的政治"；二要懂得为什么推进中国式现代化"是新时代最大的政治"。认识到提出"新时代最大的政治"这一命题，意味着我们在长期的现代化探索中开始了认识的新飞跃。

首先，我们要认识到，"最大的政治"，从来就是党在各个历史时期的总路线，即要完成的主要任务。改革开放以来，最早提出要把握好"最大的政治"的，是1979年3月邓小平在党的理论工作务虚会议上发表的《坚持四项基本原则》这篇重要文献。当时，他说："我们当前以及今后相当长一个历史时期的主要任务是什么？一句话，就是搞现代化建设。"[①]"社会主义现代化建设是我们当前最大的政治"。为什么这样说呢？他的回答是：第一，"能否实现四个现代化，决定着我们国家的命运、民族的命运。"第

---

① 《邓小平文选》第二卷，人民出版社1994年版，第162页。

二,"在中国的现实条件下,搞好社会主义的四个现代化,就是坚持马克思主义,就是高举毛泽东思想伟大旗帜。你不抓住四个现代化,不从这个实际出发,就是脱离马克思主义,就是空谈马克思主义。"第三,"社会主义现代化建设是我们当前最大的政治,因为它代表着人民的最大利益、最根本的利益。"[1]后来,他在阐述党在现阶段建设现代化的社会主义强国总路线时,又一次指出:"这就是当前最大的政治。"并且还反问道:"总路线还不是最大的政治?"与此同时,他也说过:"经济工作是当前最大的政治"。对此,他有一个说明:"现代化建设的任务是多方面的,各个方面需要综合平衡,不能单打一。但是说到最后,还是要把经济建设当作中心。"可见,"经济工作是当前最大的政治"和"社会主义现代化建设是我们当前最大的政治"这两个命题是一致的,总题目还是邓小平强调的"什么是中国最大的政治?四个现代化就是中国最大的政治。"[2]

懂得了什么是"最大的政治",就能够懂得为什么推进中国式现代化"是新时代最大的政治"。改革开放45年来,我们始终扭住社会主义现代化建设这个中心任务不放松,积累了丰富的经验。在建党一百周年之际,我们通过对历史经验的全面总结,深刻指出"我们坚持和发展中国特色社会主义,推动物质文明、政治文明、精神文明、社会文明、生态文明协调发展,创造了中国

---

[1] 《邓小平文选》第二卷,人民出版社1994年版,第162—163页。
[2] 《邓小平文选》第二卷,人民出版社1994年版,第234页。

式现代化新道路，创造了人类文明新形态。"[1]党的二十大进一步把"以中国式现代化全面推进中华民族伟大复兴"确立为我们在现阶段的"中心任务"。党的二十大还把中国式现代化的丰富经验上升到理论层面，不仅阐述了中国式现代化有五大"中国特色"，而且阐述了中国式现代化有九个方面"本质要求"和五个"重大原则"。这五大"中国特色"，强调的是中国式现代化的科学内涵和奋斗目标；九个方面的"本质要求"，强调的是中国式现代化的实现途径；五个"重大原则"，强调的是发展中国式现代化应对挑战和风险的原则。正如习近平指出的，这些论述"初步构建中国式现代化的理论体系"[2]。与此同时，党的二十大报告还从第四部分"加快构建新发展格局，着力推动高质量发展"开始，到第十四部分"促进世界和平发展，推动构建人类命运共同体"，用11部分的篇幅对现阶段推进中国式现代化作了具体部署。也就是说，中国式现代化不仅是我们党在新时代新征程承担的中心任务，而且已经形成了初步的理论体系，还有一整套相互联系的具体部署。在党的二十大后举办的新进中央委员会的委员、候补委员和省部级主要领导干部研讨班上，习近平进一步强调指出，中国式

---

[1] 《在庆祝中国共产党成立100周年大会上的讲话》（2021年7月1日），《人民日报》2021年07月02日。

[2] 《习近平在学习贯彻党的二十大精神研讨班开班式上发表重要讲话　强调正确理解和大力推进中国式现代化》，《人民日报》2023年02月08日。

现代化是我们找到的"强国建设、民族复兴的唯一正确道路"①。正是在这样的基础上，习近平提出推进中国式现代化是新时代最大的政治。这和邓小平当年所说的"最大的政治"一脉相承，同时又具有新时代的新要求新使命新特点。

同时，我们要认识到，"新时代最大的政治"，是在新时代改革发展持续探索中获得的规律性认识。要懂得为什么推进中国式现代化"是新时代最大的政治"，从根本上说，是要懂得这是我们在新时代持续探索中获得的一个规律性的认识。历史唯物主义认为，经济是基础，政治则是经济的集中表现。习近平强调推进中国式现代化是"新时代最大的政治"，正是新时代经济社会发展客观规律的集中体现。我们都知道，改革开放启动后，中国经济快速发展，到2010年底成为世界第二大经济体。这一轮改革开放，主要是把过去在计划经济体制下受压抑的劳动力、土地、资本等生产要素解放了出来。应该讲，经过30多年改革发展，还要进一步解放的劳动力、土地、资本等生产要素尽管还有不少，但已经不如过去那么多了。也就是说，我们的改革发展遇到了过去没有的新情况。加上信息化、网络化、数字化、智能化以及与此相联系的数字经济的发展，无论在劳动力问题上、土地资源利用问题上，还是在资本投向问题上，都出现了前所未有的新情况。以党的十八大为标志，中国特色社会主义进入了新时代，我们的探索

---

① 《习近平在学习贯彻党的二十大精神研讨班开班式上发表重要讲话　强调正确理解和大力推进中国式现代化》，《人民日报》2023年02月08日。

也进入到了新阶段。回顾历史,我们的认识大体经历了五个阶段:(1)先是清醒地认识到,中国进入了"经济发展新常态",发展速度要放缓。(2)后来,进一步提出要确立"创新、协调、绿色、开放、共享"的新发展理念,也就是要以创新为动力,加快要素驱动、投资规模驱动向以创新驱动发展为主转变,并在协调、绿色、开放、共享发展中开创改革发展的新路径。(3)接着,我们提出要从快速增长阶段转向高质量发展新阶段,强调高质量发展就是在新发展理念下的发展,注重提升全要素生产率。(4)再后来,面对来自逆全球化思潮和单边主义、保护主义的冲击,我们进一步提出要立足新发展阶段、贯彻新发展理念,构建以国内大循环为主体、国内国际双循环相互促进的新发展格局。(5)党的二十大后,我们进一步认识到高质量发展是新时代的硬道理,发展新质生产力是推动高质量发展的内在要求和重要着力点。显然,我们一直在探索快速增长阶段后的新发展思路。

就是在这样持续的探索中,我们形成了快速增长阶段后的新发展思路,找到了中国式现代化这个唯一正确的道路,深化了新时代做好经济工作的规律性认识。这就是习近平2023年12月11日在中央经济工作会议上概括的"五个必须":一是,必须把坚持高质量发展作为新时代的硬道理,完整、准确、全面贯彻新发展理念,推动经济实现质的有效提升和量的合理增长;二是,必须坚持深化供给侧结构性改革和着力扩大有效需求协同发力,发挥超大规模市场和强大的生产能力的优势,使国内大循环建立在内需主动力的基础上，提升国际循环质量和水平；三是，必须坚持依靠改革开放增强发展内生动力，统筹推进深层次改革和高水平开放，不断解放和发展社会生产力、激发和增强社会活力；四是，必须坚持高质量发展和高水平安全良性互动，以高质量发展促进高水平安全，以高水平安全保障高质量发展，发展和安全要动态平衡、相得益彰；五是，必须把推进中国式现代化作为最大的政治，在党的统一领导下，团结最广大人民，聚焦经济建设这一中心工作和高质量发展这一首要任务，把中国式现代化宏伟蓝图一步步变成美好现实。这"五个必须"，前四个"必须"阐述了高质量发展的质和量以及改革与开放、改革开放与发展、发展与安全之间的辩证关系，第五个"必须"是归总的，强调我们要把中国式现代化作为新时代最大的政治，实现我们的奋斗目标。因此，我们说推进中国式现代化是新时代中国最大的政治这一结论，是一个规律性的认识。

由此可见，我们在新时代经济社会发展的持续探索中，得到了三个重要的理性认识：一是，我们"初步构建了中国式现代化的理论体系"；二是，我们找到了中国式现代化这一"强国建设、民族复兴的唯一正确道路"；三是，我们认识到了推进中国式现代化是"新时代最大的政治"。这三大认识，归结起来，就是一个飞跃：我们对中国现代化的探索开始从必然王国到自由王国的飞跃。

二、贯彻落实党的二十大精神必须紧紧围绕中国式现代化

当我们认识到中国式现代化是"强国建设、民族复兴的唯一正确道路",推进中国式现代化是"新时代最大的政治",意味着我们的工作思路越来越清晰。贯彻落实党的二十大精神,无论是各个地方,还是各个领域,各项工作都必须紧紧围绕推进和实现中国式现代化。

习近平在党的二十大后有两个重要讲话,集中体现了这一特点。第一个重要讲话,是习近平2023年2月7日在学习贯彻党的二十大精神研讨班上的重要讲话。我们知道,党的二十大报告共有十五个部分,内容非常丰富。怎么学习好贯彻好党的二十大精神,是一门大学问。我们注意到,在新进中央委员会的委员、候补委员和省部级主要领导干部学习贯彻二十大精神研讨班上,习近平亲自授课,他的讲课有一个鲜明特点,就是把整个二十大精神聚焦于中国式现代化。这样,不仅提纲挈领,而且纲举目张,深化了对二十大精神的学习领会。第二个重要讲话,是习近平2023年12月11日在中央经济工作会议的重要讲话。习近平强调:"必须把推进中国式现代化作为最大的政治,在党的统一领导下,团结最广大人民,聚焦经济建设这一中心和高质量发展这一首要任务,把中国式现代化宏伟蓝图一步步变成美好现实。"而且,他强调,这是我们在新时代做好经济工作的规律性认识。从这两

个重要讲话中，我们可以体会到，学习贯彻党的二十大精神，各项工作必须紧紧围绕中国式现代化，牢牢把握中国式现代化，努力实现中国式现代化。

如果我们把习近平的"言"和"行"结合起来做一个简要的梳理，更能够体会到这个特点。从2023年4月到12月，他先后到广东、河北、陕西、内蒙古、江苏、四川、新疆、黑龙江、浙江、江西、上海共11个地方考察和调研。他在各地的重要讲话，共同点都是强调要推进中国式现代化，同时，又分门别类指导各地如何实现中国式现代化。比如，他要求陕西的同志"奋力谱写中国式现代化建设的陕西篇章"，同时希望他们"在西部地区发挥示范作用"[1]；要求内蒙古的同志"奋力书写中国式现代化内蒙古新篇章"[2]；要求江苏的同志"谱写'强富美高'新江苏现代化建设新篇章"[3]；要求四川的同志"奋力谱写中国式现代化四川新篇章"[4]；要求新疆的同志在"中国式现代化进程中更好建设团结和谐、繁

---

[1] 《习近平在听取陕西省委和省政府工作汇报时强调 着眼全国大局发挥自身优势明确主攻方向 奋力谱写中国式现代化建设的陕西篇章》，《人民日报》2023年05月18日。
[2] 《习近平在内蒙古考察时强调 把握战略定位坚持绿色发展 奋力书写中国式现代化内蒙古新篇章》，《人民日报》2023年06月09日。
[3] 《习近平在江苏考察时强调 在推进中国式现代化中走在前做示范 谱写"强富美高"新江苏现代化建设新篇章》，《人民日报》2023年07月08日。
[4] 《习近平在四川考察时强调 推动新时代治蜀兴川再上新台阶 奋力谱写中国式现代化四川新篇章》，《人民日报》2023年07月30日。

荣富裕、文明进步、安居乐业、生态良好的美丽新疆"[1]；要求东北的同志"奋力谱写东北全面振兴新篇章"[2]；要求浙江的同志"奋力谱写中国式现代化浙江新篇章"[3]；要求江西的同志"奋力谱写中国式现代化江西篇章"[4]。与此同时，他对于广东、京津冀、江苏、上海，深切地希望他们在推进中国式现代化中"走在前列"。比如对广东的同志说：要"在推进中国式现代化建设中走在前列"。[5]对京津冀的同志说："努力使京津冀成为中国式现代化建设的先行区、示范区。"[6]对江苏的同志说："在率先实现社会主义现代化上走在前列"[7]。对上海的同志说："在推进中国式现代化中充分发挥龙头带动和示范引领作用。"[8]

---

[1]　《习近平在听取新疆维吾尔自治区党委和政府　新疆生产建设兵团工作汇报时强调　牢牢把握新疆在国家全局中的战略定位　在中国式现代化进程中更好建设美丽新疆》，《人民日报》2023 年 08 月 27 日。

[2]　《习近平主持召开新时代推动东北全面振兴座谈会强调　牢牢把握东北的重要使命　奋力谱写东北全面振兴新篇章》，《人民日报》2023 年 09 月 10 日。

[3]　《习近平在浙江考察时强调　始终干在实处走在前列勇立潮头　奋力谱写中国式现代化浙江新篇章》，《人民日报》2023 年 09 月 26 日。

[4]　《习近平在江西考察时强调　解放思想开拓进取扬长补短固本兴新　奋力谱写中国式现代化江西篇章》，《人民日报》2023 年 10 月 14 日。

[5]　《习近平在广东考察时强调　坚定不移全面深化改革扩大高水平对外开放　在推进中国式现代化建设中走在前列》，《人民日报》2023 年 04 月 14 日。

[6]　《习近平在河北考察并主持召开深入推进京津冀协同发展座谈会时强调　以更加奋发有为的精神状态推进各项工作　推动京津冀协同发展不断迈上新台阶》，《人民日报》2023 年 05 月 13 日。

[7]　《习近平在江苏考察时强调　在推进中国式现代化中走在前做示范　谱写"强富美高"新江苏现代化建设新篇章》，《人民日报》2023 年 07 月 08 日。

[8]　《习近平在上海考察时强调　聚焦建设"五个中心"重要使命　加快建成社会主义现代化国际大都市》，《人民日报》2023 年 12 月 04 日。

联系习近平在各地考察和调研的重要讲话，来体会他在学习贯彻党的二十大精神研讨班和中央经济工作会议这两个重要讲话的精神，我们不仅可以体会到为什么说推进中国式现代化是"新时代最大的政治"，而且可以体会到中国式现代化是一盘充满希望的中国大棋局、一个繁花灿烂绽放的现代化中国大花园。这就是我们美好的前景，就是我们今天强调推进中国式现代化是"新时代最大的政治"之战略意义所在。

三、毫不动摇坚持"新时代最大的政治"

中国式现代化是"新时代最大的政治"，不是一个口号，也不只是一个重要理念，而且是一个不同于一般工作要求的、具有"压倒一切"特点的工作指针，必须毫不动摇地坚持。

当年，邓小平在提出实现四个现代化是"中国最大的政治"的时候，有一句话让人感到振聋发聩。这就是："现在要横下心来，除了爆发大规模战争外，就要始终如一地、贯穿始终地搞这件事，一切围绕着这件事，不受任何干扰。就是爆发大规模战争，打仗以后也要继续干，或者重新干。我们全党全民要把这个雄心壮志牢固地树立起来，扭住不放，'顽固'一点，毫不动摇。"[①]我们在经历三年疫情抗击战之后，提出推进中国式现代化是"新时

[①] 《邓小平文选》第二卷，人民出版社1994年版，第234页。

代最大的政治",也要有这样"扭住不放"的气概,毫不动摇地坚持。

首先,要聚焦经济建设这一中心和高质量发展这一首要任务,把中国式现代化宏伟蓝图一步步变成美好现实。中央经济工作会议总结的做好新时代经济工作的五条规律性认识,第一条就是"必须把坚持高质量发展作为新时代的硬道理,完整、准确、全面贯彻新发展理念,推动经济实现质的有效提升和量的合理增长"[①]。

其次,要坚持做好创新这篇大文章,把发展新质生产力作为推动高质量发展的内在要求和重要着力点。高质量发展要有新的生产力理论来指导。近年来,我们面对中国经济的结构性转型、三年疫情的冲击和变乱交织的国际环境、美西方对我无理打压等多重压力的挑战,国民经济还在持续稳定发展,中国依然是世界经济增长的最大引擎。其中,一个重要经验,就是我们顺应信息化、网络化、数字化、智能化的时代潮流,抓住数字经济、人工智能和绿色发展的战略机遇,以创新驱动为动力,形成了一批新动能、新产业和新发展模式,催生了新质生产力。新质生产力以劳动者、劳动资料、劳动对象及其优化组合的跃升为基本内涵,以全要素生产率大幅提升为核心标志,特点是创新,关键在质优,本质是先进生产力,已经在实践中形成并展示出对高质量发展的

---

① 《中央经济工作会议在北京举行》,《人民日报》2023年12月13日。

强劲推动力、支撑力。我们要继续坚持科技是第一生产力、人才是第一资源、创新是第一动力，下大力气做好创新驱动这篇大文章，因地制宜推动新质生产力快速发展。

再次，要坚持统筹兼顾的基本方针，把中国式现代化作为一个系统工程来建设。中央经济工作会议指出，近年来我们取得的成就，经验就在于"统筹国内国际两个大局、统筹疫情防控和经济社会发展、统筹发展和安全"①。中国式现代化是一个宏大的系统工程，涉及经济、政治、文化、社会和生态文明方方面面，更要按照习近平历来强调的系统观念，统筹兼顾，使得各方面工作更好地有序开展，服务于经济建设这一中心和高质量发展这一首要任务。

最后，要坚决打赢反腐败斗争攻坚战持久战，以引领伟大社会革命为根本目的深入推进党的自我革命。中国式现代化是社会主义的现代化，决不容许腐败现象侵蚀人民打下的红色江山、干扰中华民族现代化梦想的实现。现在，我们已经找到跳出历史周期率的"两个答案"，特别是深化了对为什么要自我革命、为什么能自我革命、怎样推进自我革命的认识。在不久前召开的中纪委二十届三次全会上，习近平在阐述"深化对自我革命的规律性认识"及其要把握好的九个问题时，第一条是"以坚持党中央集中统一领导为根本保证"，第二条是"以引领伟大社会革命为根本目

---

① 《中央经济工作会议在北京举行》，《人民日报》2023年12月13日。

的"。强调中国式现代化是"新时代最大的政治",就是要毫不动摇地坚决打赢反腐败斗争攻坚战持久战,更好地实现中国式现代化这一伟大社会革命。

四、发挥"最大的政治优势"以实现"新时代最大的政治"

我们推进中国式现代化这一"新时代最大的政治",一个重要的问题,是要发挥中国共产党密切联系群众这一"最大的政治优势"。只有这样,才能发挥亿万人民的创造伟力,实现"新时代最大的政治"。

我们在新时代新征程承担的使命无比崇高宏大,我们在新时代新征程面临的挑战也难免严峻复杂,因此,党的二十大强调:"全面建设社会主义现代化国家,必须充分发挥亿万人民的创造伟力。"[①]党的二十大后,习近平从召开中央政治局会议开始,到主持中央政治局第一次集体学习,一直到瞻仰延安革命纪念地、在陕西省延安市和河南省安阳市考察,发表了一系列重要讲话。其核心思想,就是他在二十届一中全会后带领新一届中央政治局常委会见中外媒体时强调的:"一路走来,我们紧紧依靠人民交出了

---

① 习近平:《高举中国特色社会主义伟大旗帜　为全面建设社会主义现代化国家而团结奋斗——在中国共产党第二十次全国代表大会上的报告》,《人民日报》2022年10月26日。

一份又一份载入史册的答卷。面向未来，我们仍然要依靠人民创造新的历史伟业。"①

纵观党的百年奋斗史，密切联系群众是党最大的政治优势。首先，这是由党的根本立场、根本宗旨和群众路线规定的。习近平在延安瞻仰延安革命纪念地时明确指出，全党同志要站稳人民立场，践行党的宗旨，贯彻党的群众路线，保持党同人民群众的血肉联系，自觉把以人民为中心的发展思想贯穿到各项工作之中，扎实推进共同富裕，让现代化建设成果更多更公平惠及全体人民。红旗渠被誉为世界第八大奇迹，林县人民之所以能够历经10年时间，自力更生、艰苦奋斗建成这一"人工天河"，就是因为林县县委始终坚持"人民立场"和"群众路线"，充分发挥林县人民的创造伟力。再往深里思考，这是由党的性质决定的。在我们的党章中明确规定了，中国共产党是中国工人阶级的先锋队，同时是中国人民和中华民族的先锋队。正如习近平在陕西省延安市考察时以鲜明的语言强调的，中国共产党是人民的党，是为人民服务的党，共产党当家就是要为老百姓办事，把老百姓的事情办好。因此，我们在学习贯彻党的二十大精神，奋进新时代新征程的任何时候，都要始终牢记"中国共产党是人民的党"这一重要教诲，懂得真正的创造伟力存在于民众之中。再进一步往深里思考，这也是党巩固长期执政地位的必然要求。执政党及其领导干部最应

---

① 习近平：《在二十届中央政治局常委同中外记者见面时的讲话》，《求是》2022年第22期，第2页。

该牢记的,是权为民所赋、权为民所用这一马克思主义的权利观。正如习近平反复强调,并在党的二十大报告中再次强调指出的:"江山就是人民,人民就是江山。中国共产党领导人民打江山、守江山,守的是人民的心。治国有常,利民为本。为民造福是立党为公、执政为民的本质要求。"[①]要建设一个长期执政的马克思主义政党,唯有如此,在江山社稷上深深地镌刻上"人民"二字,让广大党员干部心头牢牢铭记"一切为了人民、一切依靠人民"这12个字,充分发挥党密切联系群众这一最大的政治优势,充分发挥亿万人民的创造伟力。

总之,我们要把中国式现代化这一"新时代最大的政治"变为活生生的美好现实,还是要充分发挥我们党密切联系群众这一"最大的政治优势",充分发挥亿万人民的创造伟力。只有这样,我们才能在党和人民团结奋斗中,形成齐心协力推进中国式现代化、同心共圆中国梦的强大合力,在新时代新征程战胜一切困难,创造美好未来。

---

① 习近平:《高举中国特色社会主义伟大旗帜 为全面建设社会主义现代化国家而团结奋斗——在中国共产党第二十次全国代表大会上的报告》,《人民日报》2022年10月26日。

第六章

实践逻辑：中国式现代化为人类实现现代化提供了新的选择

中国式现代化的探索，不仅具有中国意义，而且具有世界意义。特别是中国只用了短短几十年的时间就取得西方发达国家几百年才能取得的成就，发展成为世界第二大经济体，令人刮目相看。中国式现代化的意义，不仅在于此，而且为人类实现现代化的实践，提供了新的选择。

第一节　在世界上树起了一面现代化的新旗帜

中国式现代化作为一项前无古人的开创性事业，以其描绘的不同于西方现代化的新图景彪炳史册，以其对中国和世界发展进步所做出的杰出贡献在世界上树起了一面现代化的新旗帜。

在中国式现代化道路上踔厉奋发、勇毅前行的中国，创造了经济快速发展和社会长期稳定两大奇迹。如果从新中国成立算起，中国把一个一穷二白的国家发展为世界第二大经济体，用了61年时间；如果从中国改革开放算起，中国把一个经济文化落后的国家发展为世界第二大经济体，只用了32年时间。在中国成为世界第二大经济体以后，中国的国民经济开始从高速增长逐步转变为高质量发展新阶段。在这个急剧转型的发展阶段，中国经济依然保持平稳而又较快的发展。从党的十八大到二十大这10年，其间还经历了3年疫情对经济发展的冲击，但中国的国内生产总值还是从54万亿元增长到114万亿元，经济总量占世界经济的比重达到18.5%，提高了7.2个百分点，依然稳居世界第二；人均国内生产总值也从3.98万元增加到8.1万元。如果换一个视角，根据世界银行数据库提供的数据来看，按2017年国际元价格来计算，2000年至2022年，即在全球遭受新冠疫情肆虐期间，中国的GDP从4.36万亿国际元上升为25.68万亿国际元，年均增幅8.4%；占世界比重从6.4%上升到18.5%，提高了12.1个百分点，平均每年提高0.55个百分点。同期，世界GDP从68.29万亿国际元上升为139.03万亿国际元，年均增幅3.3%。也就是说，尽管在疫情期间产业链、供应链、价值链遭受极大的冲击，国家、地方和个人的经济社会生活都遇到不小的困难，但中国经济依然保持极大的韧劲和动力，名列世界前茅，这是极其难能可贵的。而且，拥有十多亿人口的中国，在这期间能够长期保持社会稳定，包括在突如其来遭受疫情冲击的情况下也能够保持社会稳定，也是难能可贵的。之所以有这"两大奇迹"、两个"难能可贵"，就在于中国有中国共产党的坚强领导，有中国特色社会主义制度的可靠保障，有中国式现代化道路的独特优势，能够把亿万人民群众的积极性、创造性、主动性转化为实现中华民族伟大复兴的凝聚力和创造伟力。

在中国式现代化道路上踔厉奋发、勇毅前行的中国，也引起了世界的关注。2022年3月17日，《参考消息》有一篇访谈，题目是《中国式现代化"令非洲着迷"——非洲专家谈中国式现代化道路》。文章的开头就引用了非洲专家的话，说："中国的快速发展证明，不只有西方的民主制度可以实现社会转型。在中国共产党的领导下，中国立足国情和实际，创造了中国式现代化新道路。"津巴布韦中非经济文化交流研究中心研究员唐纳德·鲁沙布瓦曾在中国学习、工作过5年。在华期间，他多次对中国的地方经济、小微企业、创业创新等课题进行考察调研。他对中国式现代化道路的探索有独特的见解，认为在不同的发展阶段，中国式现代化道路有不同的侧重点。在改革开放前，独立自主是现代化建设的重要内容；在改革开放后，发展经济、让人民致富成为更重要的目标；近年来，中国更关注分配公平，也更关注人民的生计。乌干达《新愿景报》记者、中非新闻交流中心研究员塔德奥·布万巴莱说："中国采取的现代化发展方式在未来的发展研究中将成为一个经典案例。""中国的经验表明，采取与西方不同的方法、有意识地对整个国家进行现代化改造是可能的。"鲁沙布瓦也认为，现代化道路的"西方模式"和"中国模式"明显不同。首先是驱动力不同。在资本主义国家，现代化更多地为资本增值服务。但在中国，现代化体现在方方面面，如造福民生、鼓励创新、促进共同富裕等，且在这些方面都有很好的表现。其次是责任主体不同。"西方模式"强调小政府，更注重个人、企业在实现现代化上的主体责任；而中国政府承担了现代化的主体责任，为整个国家制定现代化"路线图"并予以推进践行。再次是中国式现代化道路更着眼于对本国传统和现实的结合。"西方模式"认为现代化道路就是西式民主、完全的市场经济，所有国家都应该遵循这一模式。而"中国模式"则植根于中国的历史和现实，这条现代化道路既遵循了社会主义道路，同时又有中国特色、立足中国国情和实际。卢旺达大学政治学教授埃里克·恩杜沙班迪表示，中国为那些希望获取金融资本以投资基础设施建设的国家提供了新机会。这与一些西方国家相反，它们做投资选择时只考虑哪里适合干预，而非当地经济条件。同时，他和许多人一样，关注到"中国式现代化已令数亿中国人摆脱了贫困"，他赞叹地说："中国的快速发展令许多非洲人着迷。"[1]

对中国式现代化的这种关注，除了"赞叹"，还有另一种形式，那就是"打压"。随着改革开放以来中国经济快速发展，美国一些人就以贸易逆差、知识产权保护、军费透明度等为由头，鼓吹遏制中国的发展。2018年3月23日凌晨，美国总统特朗普宣布，将对中国价值高达500亿美元（约合人民币3165亿元）的商品征收惩罚性关税。这标志着美国政府酝酿已久的对华贸易战正式打响。他们在刚开始打压时还找一些"借口"，但到中国企业华为在5G研发上领先西方大国后，就什么"借口"也不要了，赤裸裸地打压华为，不让5G进入一些国家的市场。由此可见，美国政府打压中国不是别的，就是怕中国超越他们。拜登政府延续了

---

[1] 《非洲专家：中国式现代化"令非洲着迷"》，《参考消息》2022年3月17日，第10版。

这一政策，继续在核心技术领域对中国进行阻击和打压。美国在出台《2022年芯片和科学法案》后，美国商务部在2022年9月又出台了《美国资助芯片战略》以落实这一法案，力图通过一系列限制中国的政策以保持美国在全球的创新中心地位。美国新美国安全中心还建议美国积极和盟友合作，以保持对中国的技术优势。他们还提出，美欧要构建长期跨大西洋伙伴关系以应对中国的快速发展，要在AI、信息通信技术、量子信息科学与技术等七大领域加强合作，以谋求对中国企业的限制和打压。与此同时，他们借助于信息化、网络化等手段，千方百计抹黑中国和中国共产党。近年来，他们又针对中国的一些重大战略进行抹黑。比如美国新美国安全中心提出，欧盟应防止从缺乏透明所有权结构的企业购买5G电信硬件或服务，应尽早开始调整对6G的风险评估以避免重蹈5G的覆辙。他们还提出，美欧要评估中国"一带一路"现有项目存在的漏洞，不断加强对中国经济发展的阻击，同时利用网络等传媒大力宣传推广"一带一路"倡议的替代方案。至于通过他们的黑客对我国的要害部门进行攻击，更是从来没有中断过。这些赤裸裸的阻击和打压，也从反面证明了以中国式现代化全面推进中华民族伟大复兴的选择和决策是正确的。

但是，这种阻击和打压是不得人心的。在2023年10月18日举办的第三届"一带一路"国际合作高峰论坛上，来自140多个国家、30多个国际组织的代表相聚北京，共话和平合作、开放包容、互学互鉴、互利共赢的丝路精神。这意味着全球将近3/4的国家都认同中国的"一带一路"倡议，都认同中国式现代化。国家主席习近平在高峰论坛开幕式上深刻指出："中国正在以中国式现代化全面推进强国建设、民族复兴伟业。我们追求的不是中国独善其身的现代化，而是期待同广大发展中国家在内的各国一道，共同实现现代化。"[1]习近平主席在这一重要讲话，在高峰论坛内外、在全世界产生了强烈的反响。莫桑比克总理马莱阿内同习近平主席说，希望借鉴中国式现代化经验，更好实现本国发展，深化同中国各领域务实合作，推动构建人类命运共同体。在参加高峰论坛的各国领导人和企业家中，许多人都表达了这样的意愿。

可以说，中国式现代化的提出及其取得的巨大进步，在世界上树立起了一面现代化的新旗帜。在世界现代化的历史上，最早举起现代化大旗的是英国，后来是美国。现在，世界上除了有美国式现代化这面旗帜，又有了中国式现代化这面旗帜，意义非同寻常。

---

[1] 习近平：《建设开放包容、互联互通、共同发展的世界——在第三届"一带一路"国际合作高峰论坛开幕式上的主旨演讲》，《人民日报》2023年10月19日。

第二节　最重要的是让世界懂得了实现现代化必须适合本国国情

中国式现代化，是中国创造的；中国式现代化的经验，又是可以为世界各国分享的。中国式现代化的成功，给世人最大的启示，就是实现现代化必须选择适合本国国情的发展道路。这是中国式现代化最基本的，最重要的，也是最可以为世界各国分享的重要经验。早在2013年1月5日，习近平总书记在新进中央委员会的委员、候补委员学习贯彻党的十八大精神研讨班上的重要讲话，就已经深刻指出，我们始终认为，各国的发展道路应由各国人民选择。

习近平总书记的这一思想，在国际社会影响很大。2017年1月17日，国家主席习近平在达沃斯世界经济论坛发表的重要讲话，在论述这一问题时，指出："中国立足自身国情和实践，从中华文明中汲取智慧，博采东西方各家之长，坚守但不僵化，借鉴但不照搬，在不断探索中形成了自己的发展道路。条条大路通罗马。谁都不应该把自己的发展道路定为一尊，更不应该把自己的发展道路强加于人。"[1]这一讲话，讲的是中国经验，针对的是世界各国人民普遍关心的问题，当时在世界产生了重大的影响，在发展中国家的影响尤其大。

在中国典籍《晏子春秋》中，记载了齐国的晏子出使楚国时的一些故事，留下了许多广为传播的名言："橘生淮南则为橘，生于淮北则为枳"，原文是："橘生淮南则为橘，生于淮北则为枳，叶徒相似，其实味不同。所以然者何？水土异也。"译为白话文，就是：橘子生在淮南，就结出橘子；移到淮北，就长成枳。表面上看，两种水果很相似，但味道不一样，橘子甜美甘香，枳则酸涩难尝。什么原因呢？是因为水土不一样，生长的环境不一样，结出的果实之味道就不一样。"橘"和"枳"为同一水果，但生长的地方不一样，所以如此。水果尚且如此，更何况现代化，各个国家的历史文化和社会制度不一样，硬要让它定于一尊，效果肯定不好。

"我们究竟需要什么样的现代化？怎样才能实现现代化？"习近平总书记在回答这一问题的时候，说过："我们要秉持独立自主原则，探索现代化道路的多样性。现代化不是少数国家的'专

---

[1] 《习近平谈治国理政》第二卷，外文出版社2017年版，第482页。

利品',也不是非此即彼的'单选题',不能搞千篇一律、'复制粘贴'。一个国家走向现代化,既要遵循现代化一般规律,更要立足本国国情,具有本国特色。什么样的现代化最适合自己,本国人民最有发言权。"①

在当今世界,关注中国式现代化的人越来越多,认识到现代化必须适合本国国情的人也越来越多。卢旺达应用政策研究员伦琴·鲁吉拉明确表示:复制其他国家的发展模式总是有问题的,无论是西方的,还是中国的。他说:"我们最应该向中国学习的是自信,对自己发展道路的坚信。"津巴布韦中非经济文化交流研究中心研究员唐纳德·鲁沙布瓦在谈到中国式现代化的经验对他们的启发时,也说:"非洲国家不可能像西方国家那样通过攫取殖民地的财富来实现现代化,而中国与非洲许多国家有相似的背景,也曾遭受西方列强的侵略,但中国只用了短短40多年时间,在没有剥削任何国家的前提下,就实现了经济的腾飞、完成了科技和基建等多个领域的全面现代化,这正是发展中国家学习的榜样。"②从这些谈话中,我们可以注意到:中国式现代化在强调现代化要适合本国国情时,实际上也为世界各国实现现代化指出了新的方向。正如党的二十大报告强调的:"中国式现代化为人类实

---

① 习近平:《携手同行现代化之路——在中国共产党与世界政党高层对话会上的主旨讲话》,《人民日报》2023年3月16日。
② 《非洲专家:中国式现代化"令非洲着迷"》,《参考消息》2022年3月17日,第10版。

现现代化提供了新的选择。"①

需要指出的是，当我们说中国式现代化的经验可以为世界各个国家分享时，并不是说要让别国照抄照搬中国式现代化的具体做法。我们在这方面有过深刻的教训，更不希望别国人民也犯我们曾经犯过的错误。我们只是希望世界各个国家都能够像中国一样，从自己国家的国情和历史文化特点出发，探索符合本国实际的现代化道路。

---

① 习近平：《高举中国特色社会主义伟大旗帜 为全面建设社会主义现代化国家而团结奋斗——在中国共产党第二十次全国代表大会上的报告》，人民出版社2022年版，第16页。

第三节 拓展了发展中国家走向现代化的途径

由于中国是世界上最大的发展中国家，中国式现代化的成功经验对于发展中国家的意义更是显而易见。中国式现代化的成功，以强有力的事实告诉了世人，发展中国家完全可以依靠自己的力量、自己的智慧、自己的努力，找到适合本国国情的现代化之路。正是在这样的意义上，我们说："党领导人民成功走出了中国式现代化道路，创造了人类文明新形态，拓展了发展中国家走向现代化的途径，给世界上那些既希望加快发展又希望保持独立性的国家和民族提供了全新选择。"[1]

实现现代化，是发展中国家共同的追求。第二次世界大战结

---

[1]《中共中央关于党的百年奋斗重大成就和历史经验的决议》，人民出版社2021年版，第64页。

束后，伴随着民族独立和解放运动的兴起，一批挣脱了殖民统治枷锁的民族独立国家开启了现代化进程，建成了一批发展中国家。当年，巴西、伊朗等国的"经济彗星""经济神话"引起人们高度关注，但不久就步入了一个个"陷阱"走向衰退。究其原因，一个重要因素，是许多发展中国家把发达国家视作"中心"，把自己看作发达国家的"外围"，经济上依附于发达国家，力图通过"出口型增长"来谋取自身的现代化。这种"依附性发展"的结果，就是在把发展中国家的经济纳入世界资本主义体系的同时，形成不平等的国际分工格局、国际交换体系和国际经济秩序，发展中国家在这样的体系中虽然可以获得短期发展红利，但终究不能提升自己的经济质量，还会造成国内经济的结构性畸形，加剧国内两极分化，并进而导致经济走向衰退。因此，发展中国家究竟如何实现现代化，长期以来始终是一个需要深度破解的课题。

"我们究竟需要什么样的现代化？怎样才能实现现代化？"习近平总书记把这个问题尖锐地提了出来。2023年3月15日，他在中国共产党与世界政党高层对话会上深刻指出："人类社会发展进程曲折起伏，各国探索现代化道路的历程充满艰辛。当今世界，多重挑战和危机交织叠加，世界经济复苏艰难，发展鸿沟不断拉大，生态环境持续恶化，冷战思维阴魂不散，人类社会现代化进程又一次来到历史的十字路口。"他强调，政党作为引领和推动现代化进程的重要力量，有责任对此作出回答。为此，他提出：一要"坚守人民至上理念，突出现代化方向的人民性"；二要

"秉持独立自主原则，探索现代化道路的多样性"；三要"树立守正创新意识，保持现代化进程的持续性"；四要"弘扬立己达人精神，增强现代化成果的普惠性"；五要"保持奋发有为姿态，确保现代化领导的坚定性"。[①]习近平总书记之所以能够作出这样的论断，是基于中国经验向世界尤其是向发展中国家贡献的中国智慧。他在阐述这五点看法特别关于"秉持独立自主原则，探索现代化道路的多样性"这一看法时，还明确指出："发展中国家有权利也有能力基于自身国情自主探索各具特色的现代化之路。要坚持把国家和民族发展放在自己力量的基点上，把国家发展进步的命运牢牢掌握在自己手中，尊重和支持各国人民对发展道路的自主选择，共同绘就百花齐放的人类社会现代化新图景。"[②]

习近平总书记的这一思想，在发展中国家中引起强烈的反响。"我们需要的是合作伙伴，而非压迫者或殖民者。中国式现代化道路才是发展中国家可以仿效的模式。"这是津巴布韦中非经济文化交流研究中心研究员唐纳德·鲁沙布瓦的感想。他在谈到中国式现代化的经验对自己的启发时，认为发展中国家应该在三个方面向中国学习。首先是对腐败"零容忍"。腐败是发展的绊脚石。在许多非洲国家，腐败问题一直是影响经济增长的顽疾。不仅侵蚀了国民财富，还会影响外来投资者的投资热情。其次是对

[①] 习近平：《携手同行现代化之路——在中国共产党与世界政党高层对话会上的主旨讲话》，《人民日报》2023年3月16日。

[②] 习近平：《携手同行现代化之路——在中国共产党与世界政党高层对话会上的主旨讲话》，《人民日报》2023年3月16日。

创新创业的鼓励。中国各级政府设立了大量的创新孵化平台和创业基金，对年轻人创新创业非常鼓励。发展中国家年轻人多，创业热情高。这些国家应该学习中国，为年轻人创业提供良好环境。此外还有爱国主义教育。中国人对自己的文化、自己的国家的热爱，在很大程度上归功于爱国主义教育。如果其他发展中国家的国民也能像中国人这样热爱自己的祖国，那么该国的现代化道路一定能走得更顺利。[①]

综上所述，中国式现代化在世界上树起了一面实现现代化的新的旗帜，告诉人们各个国家实现现代化必须探索符合本国实际的现代化之路；中国式现代化对于渴求尽快实现现代化的发展中国家来说，更是提供了一种新的思路、新的方向、新的选择。

---

① 《参考消息》2022年3月17日，第10版。